中山大学"争创一流计划"资助

中山大学"三大建设"专项资助

广州市人文社会科学重点研究基地资助

耶鲁藏《道德经》英译稿（1859）整理与研究

English Translation of Lao Tse, the Book of the Way and of Virtue (1859)

姚达兑 著

中国社会科学出版社

图书在版编目（CIP）数据

耶鲁藏《道德经》英译稿（1859）整理与研究/姚达兑著 . —北京：
中国社会科学出版社，2016.9（2018.12重印）

ISBN 978 - 7 - 5161 - 8301 - 4

Ⅰ.①耶⋯　Ⅱ.①姚⋯　Ⅲ.①道家②《道德经》—研究
Ⅳ.①B223.15

中国版本图书馆 CIP 数据核字（2016）第 124049 号

出 版 人	赵剑英
责任编辑	吴丽平
责任校对	董晓月
责任印制	李寡寡

出　　版	中国社会科学出版社
社　　址	北京鼓楼西大街甲 158 号
邮　　编	100720
网　　址	http://www.csspw.cn
发 行 部	010 - 84083685
门 市 部	010 - 84029450
经　　销	新华书店及其他书店

印　　刷	北京明恒达印务有限公司
装　　订	廊坊市广阳区广增装订厂
版　　次	2016 年 9 月第 1 版
印　　次	2018 年12 月第 2 次印刷

开　　本	710×1000　1/16
印　　张	16
字　　数	262 千字
定　　价	59.00 元

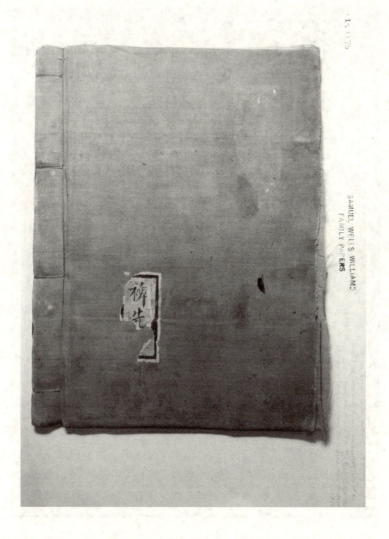

　　出处：Yale University, Manuscripts and Archives Collection, Samuel Wells Williams Family Papers，MS547。

　　封面用蓝色绸布按传统书籍装订，本有题名，现只剩"裨先"两字，可以推知为"裨先生"，进而可以知是裨治文（E. C. Bridgman）先生。

　　文件夹的右下角有铅笔题字如是：Williams Samuel Wells：Writings of Others. Elijah Coleman Bridgman：Manuscript Copy of an English Translation of Lao Tse, *the Book of the Way and of Virtue*；Prepared for Bridgman by aStudent, 1859。

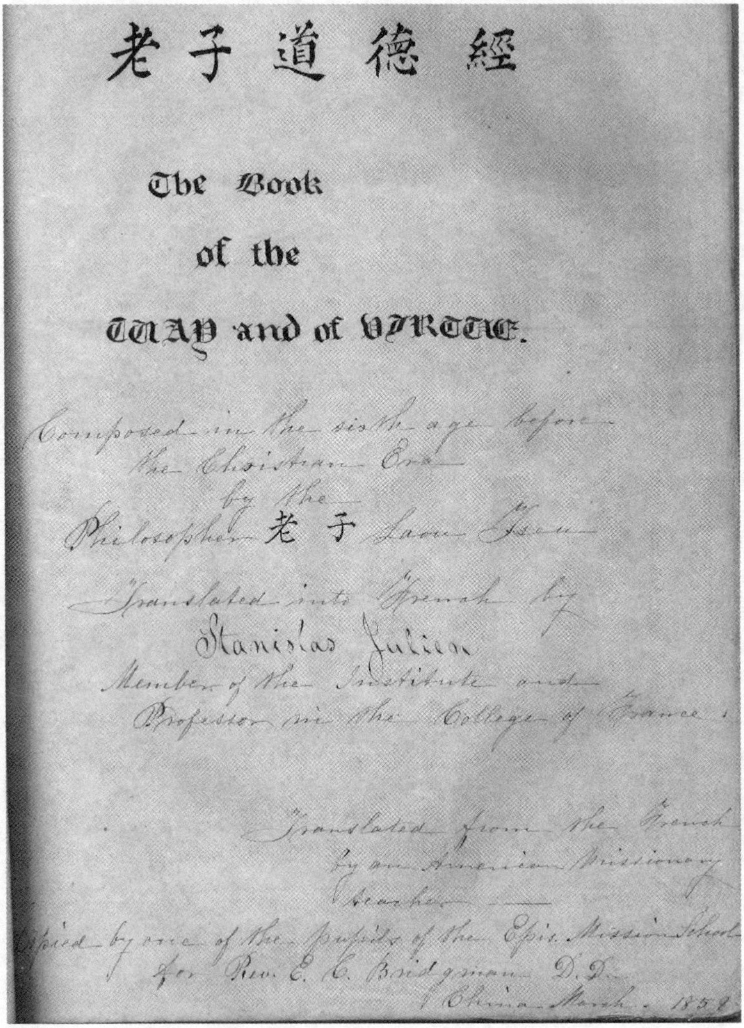
老子道德經

The Book

of the

WAY and of VIRTUE.

Composed in the sixth age before
the Christian Era
by the
Philosopher 老子 Laou Tseu

Translated into French by
Stanislas Julien
Member of the Institute and
Professor in the College of France.

Translated from the French
by an American Missionary
teacher

Copied by one of the pupils of the Epis. Mission School
for Rev. E. C. Bridgman D.D.
China March. 185

Courtesy of Yale University Library

内文第一页，主要内容是译自儒莲法语译本的内文首页。

老子道德经

The Book
Of the Way and of Virtue.
Composed in the Sixth Age before the Christian Era. *
By
The Philosopher 老子 *Lao Tseu.*
Translated into French by
Stanislas Julien
Member of the Institute and
Professor in the College of France.
Translated from the French
By an American Missionary Teacher
Copied by one of the Pupils of the Epis Mission School
For Rev. E. C. Bridgeman D. D.
China, March 1859.

　　*中译可为:"撰于基督教纪元之前的第六个时代。"然而,这种说法并不合理,应为"撰于公元前6世纪"。因为"第六个时代"(the Sixth Age),典出圣奥古斯丁之书。圣奥古斯丁将世界历史划分为七个时代,第一个时代是从亚当到挪亚为止,第二个时代到阿伯拉罕为止,第三个时代是从阿伯拉罕到戴维王为止,第四个时代到"巴比伦之囚"为止,第五个时代是从以色列人出埃及到耶稣基督的降临,第六个时代即指耶稣基督的降临直到如今我们的世界,第七个时代即末日大审判之后。这种划分是根据基督教的历史事件和神学推测为准则,每个时代大概一千年。这个概念在中世纪和文艺复兴时代较为流行,19世纪时已不大使用。依如上解释,"基督教纪元之前"即第五时代,故而"撰于基督教纪元之前的第六个时代"这种说法是不合理的。① 而这里,应该是"公元前6世纪"之误译。

---

　　① 关于奥古斯丁的理论,参见 St. Augustin: *On the Holy Trinity. Doctrinal Treatises. Moral Treatises*, see Philip Schaff, ed., *A Select Library of the Nicene and Post – Nicene Fathers of the Christian church* (V3), New York, The Christian Literature Company, 1887, p. 307。

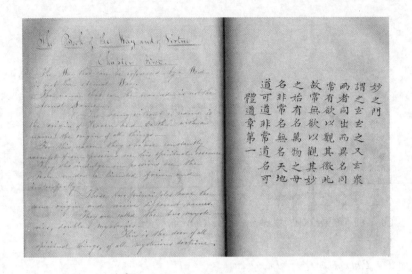

　　此为第一章译文，左页为英译译文，右页为《道德经》原文。手稿已存在一个半世纪，受时间的长久蚕食，原稿纸质已泛黄，英文部分的墨迹有些地方已经较为模糊，难以辩认。

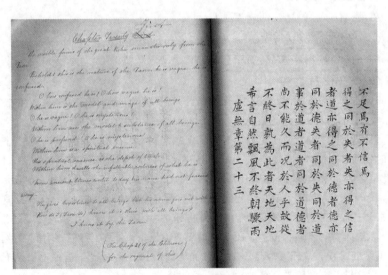

　　左边页面为第二十一章英译译文，右边页面用汉语抄录了《道德经》原文第二十三章。原稿的排版有问题。左右两页面的中英文内容，有时并非一一对应。

老子道德經

LAO TSEU TAO TE KING

LE LIVRE
DE LA VOIE ET DE LA VERTU

COMPOSÉ DANS LE VIᵉ SIÈCLE AVANT L'ÈRE CHRÉTIENNE

PAR LE PHILOSOPHE LAO-TSEU

TRADUIT EN FRANÇAIS, ET PUBLIÉ AVEC LE TEXTE CHINOIS ET UN COMMENTAIRE PERPÉTUEL

PAR STANISLAS JULIEN

MEMBRE DE L'INSTITUT ET PROFESSEUR AU COLLÉGE DE FRANCE

PARIS

IMPRIMÉ PAR AUTORISATION DU ROI

A L'IMPRIMERIE ROYALE

M DCCC XLII

Le Livre de laVoie et de la Vertu, Composé dans le VIe Siècle Avant l'ere Chrétienne, par le Philosophe Lao – Tseu; Traduit en Français, et Publié Avec le Lexte Chinois et un Commentaire Perpétuel, par Stanislas Julien, Member de L'Institut et Professeur au Collége de France. Paris, Imprimé par Autorisation du Roi, A l' Imprimerie Royale, M DCCC XLII.

儒莲翻译的法语本《老子道德经》扉页（1842）。

鲍狄埃（G. Pauthier）拉丁语、法语和中文三语对照译本（1838），左页为其封面，右页为其第一章译文。这是《道德经》欧洲第一个"完整"译本。鲍氏与儒莲同出雷缪沙（Jean Pierre Abel Rémusat，1788—1832）之门，但两者也是论敌和竞争者。

目　录

《道德经》英译研究

《道德经》英译译文

《道德经》英译研究

上 篇

《老子》西行：版本、
文化网络和圣经东方主义

一　缘起和版本

先叙缘起。2011 年 8 月至 2013 年 1 月，我有幸获得哈佛燕京学社奖学金，在哈佛大学研究近代新教传教士文献。2012 年 12 月初，我在梵瑟学舍（Vanserg Hall）舍友郑珉教授（韩国汉阳大学）的鼓动之下，去了耶鲁大学图书馆调查档案。纽黑文之行的主要目的，是查阅裨治文（Elijah Coleman Bridgman，1801—1861）在广东所写的日记稿和卫三畏（Samuel Wells Williams，1812—1884）的家族档案。因缘巧合，我在耶鲁大学图书馆的古籍和手稿部，读到了卫三畏档案中所藏的一部《道德经》英译手稿。彼时，我在耶鲁大学图书馆馆员的允可之下，将这份手稿全稿复印，带回了中国。我归国之后，忙于博士论文答辩和毕业等烦琐的事宜，无暇于整理行箧和书札。故而，这个《道德经》手稿，虽偶有拿起，也写有一些阅读札记，但是始终腾不出手对其作全面的整理和研究。直到2013 年夏天，我再次到了美国，在北卡州立大学访问。当时，我每日在该校新建成的汉特图书馆（James B. Hunt, Jr. Library）中写作。直到此时，我方才开始整理出这部手稿的所有章节。两个多月期间，我每天工作十几个小时，为这个手稿，投入了大量的时间和精力。

原手稿历经时间和灰尘的蚕食，已有了一百五十年的历史。稿上字迹漶漫难辨。装订好的原抄写稿，各章句的次序，时有颠倒。加之稿中有的英译词汇，实际上是转译或直接抄录自法语词汇。这些原因促使我誊抄这个手稿时，需要征询不少文献，时时告诫自己要更加专注和细心地对待。此后的数月间，我在不同的场合、以不同的方式，请教了诸多前辈学者，也多次请询了耶鲁大学的图书馆馆员，最终才完全誊抄出这部手稿。在此基础之上，2013 年秋开始，我再利用半年多的闲余时间，参照了法国汉学家儒莲（Stanislas Aignan Julien，1797—1873）的法译本《道德经》①、其他英译本和几个中文本《道德经》（如河上公本），对这个耶鲁稿本难懂或含混的地方，进行了补注和笺释。至 2014 年，几乎整个夏天，我都在查阅和整理关于《道德经》翻译的材料，并用回溯法陆续将这个英译稿返译成现代汉语。之所以这么做的原因是在于：这个英译稿中有一些章句与《道德经》原文原义，已经有一些差异。翻译作为一种语言再现的过程，理想地说，它追求的是源语文本与目标语文本在审美价值、语义内容和读者接受方面的等值。然而，语言经过两次以上的转换，尤其是在中西不同的文化机制之中发生，则产生的语义差异和审美偏差之概率，必定要大大增加。我相信，我的现代汉语返译，应该可以为一般读者和专业学者，作一定的参考。原文、儒莲法译本、耶鲁稿本英译、湛约翰的《道德经》英译译文和我的现代汉语返译文，这些文本层层叠叠，相互对比之下，读者应该能发现许多有趣的，甚至是再创造的地方。当时，在这个返译的过程中，我又一字一句对照原手稿，作了全稿的最后修订和编辑。

这一篇导论，则写作于如上的种种准备之后。

这部手稿藏于耶鲁大学图书馆的手稿和档案部（Manuscripts and Archives Collection，Yale University Library），收入卫三畏家族档案的第 547 号文件夹（Samuel Wells Williams Family Papers，MS 547）之中。此稿与裨治文和卫三畏等早期来华的美国传教士，有密切的关系。

裨治文是首位由美国来华的新教传教士。他来自麻省。1823 年，时年 22 岁的裨治文，进入麻省的阿默斯特学院（Amherst College）读书。1826 年，进入安道华神学院（Andover Theological Seminary）学习，接受神学和

---

① Julien, Stanislas, *Le Livre de la Voie et de la Vertu*. Paris：A L'imprimerie Royale, 1842. 儒莲（Stanislas Aignan Julien，1797 - 1873），法国籍犹太人，著名汉学家。儒莲是法国汉学大师雷缪沙的高足。儒莲通习希腊文、拉丁文、希伯来文、梵文、满文和中文，其著译颇丰，翻译了《孟子》《三字经》《灰阑记》《赵氏孤儿记》《西厢记》《玉娇梨》《平山冷燕》《白蛇精记》《太上感应篇》《桑蚕辑要》《老子道德经》《景德镇陶录》《天工开物》和《大唐西域记》等中国典籍，并著有《汉学指南》等书。儒莲于 1827 年就任法兰西皇家图书馆副馆长。1832 年出任法兰西公学院汉学教授席位。后世"儒莲奖"便是为纪念其卓越的汉学成就而设立，是欧洲汉学界的最重要奖项之一。

传教等方面的训练。① 裨治文在神学院毕业之后，接受了"美部会"② 的派遣来华。他于 1830 年 2 月抵达广州，遵照差会的指示，在那里他拜会了一位前辈，即第一位来华并进入大陆的新教传教士英国的马礼逊（Robert Morrison，1782—1834）。当时广州的开放是有限的，仅开放给外国人经商，而传教行为则是绝对禁止的。连马礼逊也是一样，受时代环境所限制。故而，裨治文不久便转至澳门，此后一直在澳门和广州两地往返活动。

1832 年 5 月，裨治文创办了《中国丛报》（Chinese Repository，旧译《澳门月报》，1851 年 12 月停刊）。1833 年，印刷工出身的卫三畏，应"美部会"的派遣，来到广州（也在澳门活动），协助裨治文编辑和出版《中国丛报》事宜。裨治文可谓是卫三畏的导师兼至交好友。两人的关系，与几十年前在马六甲的马礼逊和米怜两人之间的关系，颇为相似。1847 年后，该报由卫三畏全权负责。裨治文和卫三畏两位传教士，都曾长期寓居澳门，并在广州和香港活动。1876 年，卫三畏返回美国，次年便出任耶鲁大学第一任汉学教授职位。这种情况，与一些同时代的在华传教士相似，比如理雅各（James Legge，1815—1897）回英国后，出任牛津大学汉学教席，又如英国传教士傅兰雅（John Fryer，1839—1928）于1896 年到美国，出任加州大学柏克莱分校的汉学教席。

卫三畏可谓是美国汉学的奠基人之一。他最著名的作品《中国总论》

---

① "Andover Theological Seminary"，即安道华神学院，现在位于麻省的牛顿镇，是美国最古老的神学研究院，以训练神职人员和外派传教士而著名。它曾是哈佛大学的一个神学研究机构，后来因为教会和神学教授等方面的宗教观念有分歧，故而 1825 年始，从哈佛分出一部分人员，在麻省的牛顿镇，建立了一个牛顿神学研究所（Newton Theological Institution）。这个研究所与哈佛大学，尽管教职人员的理念有所不同，仍然保持着非常密切的联系。到了 1908 年，哈佛大学神学院与安道华神学院非正式合并。双方都同意让安华道神学院的学生和神职人员来哈佛所在的剑桥镇学习，与哈佛大学的师生一起共享哈佛的校园、藏书和其他学术资源。这种非正式合并，一直持续了 18 年之久。此后，安华道神学院做了长期的发展计划，并打算正式附属于哈佛大学。然而，到了 1931 年，这个计划被麻省最高法院否决，最终便全部迁到了牛顿镇。尽管如此，自 1931 年至今，安道华神学院与哈佛神学院仍然保持着良好的关系，包括可互派师生到对方学院学习、做研究、共享图书资源等。本书首段提及的，2012 年当郑珉教授与我有一席倾谈之时，我们身处在梵瑟学舍的办公室中。从学舍的窗口往外望，对面不到十几米远，便是哈佛神学院。此种因缘，也值一书。

② 美部会（American Board of Commissioners for Foreign Missions，即美国公理宗海外传道部），是美国第一个海外传教机构，1810 年在麻省建立。美部会是受到了在第二次"大觉醒"（Great Awakening）宗教运动的影响而成立，得到了公理会、长老会和美国归正会等不同教派的广泛支持。外国基督教新教教会进入中国，先是伦敦会和荷兰传教会，第三个才是美部会。美部会应马礼逊呼求更多传教士来华的观点，陆续派遣了裨治文、裨雅各和卫三畏等传教士入华。

（*The Middle Kingdom*，初版为 1848 年，后来陆续有修订重版）很早便为其赢得了极大的声誉。在卫三畏家族档案之中，藏有不少其他传教士的作品和书信，英译《道德经》便是其中一部。

这部手稿的内文首页，有一则记录表明：此稿为一位传教士教师根据儒莲的法语本的转译，再由一位学生为裨治文所誊抄。

这则说明原文如下：

Translated into French by Stanislas Julien.
Translated from the French, By an American Missionary Teacher,
Copied by one of the pupils of the Epis Mission School, for
Rev. E. C. Bridgeman D. D. ,
China, March 1859.

中译即为：

由儒莲翻译成法语。
由一位美国传教士教师从法语本翻译。
由圣公会学校的一位学生誊抄，献给裨治文牧师。
中国，1859 年 3 月。

遍查整部手稿，我们仅仅知道如下几条重要线索。

（1）该稿完成于 1859 年 3 月，由某一位从美国来华的传教士教师所译。现今学界一致认为，最早英译本《道德经》是 1868 年出版于伦敦的《老子，"老学"关于玄学、政体和道德律的思考》（*The Speculations of Metaphysics, Polity, and Morality, of the "The Old Philosopher", "Lau-tsze"*）一书，由湛约翰（John Chalmers，1825—1899）① 译成。湛约翰牧师也曾在华传教多年，与王韬、裨治文和卫三畏等人有不少交往。这里讨论的这部英译稿，比湛约翰的英译本，还要早九年，可谓迄今所知的第一

---

① 湛约翰，英国传教士。1852 年到香港，主持伦敦会香港分会事务。他曾将《圣经》译成汉语，编辑有《中国人的起源》《康熙字典撮要》《粤语袖珍字典》等书。也曾与理雅各、王韬等人有合作关系。1865 年，曾在广州创办并主编有报纸《中国新闻七日录》（*Chinese and Foreign Weekly News*）。

部英译《道德经》，在学术史、文化史方面的意义，自是不小。

（2）该稿是根据儒莲法语译本《道德经》转译而成。抄写稿是中英对照的形式。译者肯定是以《道德经》原文章句和儒莲法语译本（1842年译成）为主要参照来作翻译，当然也可能参照了其他的中文注疏本。《道德经》的原文章句较为简扼，有些地方殊不可解，不参照其他中文注疏本，几乎是不大可能翻译的。

（3）译稿译者，暂未能确定是谁，而誊抄者是为美国圣公会所设立的教会学校中的一位学生。上文提及的那则说明中 "Epis Mission School" 中 "Epis" 是 "Episcopal" 的词缩写，故而应当是指"美国圣公会"（American Episcopal Mission）。这个教会学校，可能是在上海，而非在北京。当时裨治文在上海。早期的美国圣公会在上海有较多的活动。裨治文与其时的美国圣公会牧师文惠廉（William Jones Boone，1811—1864）有颇多交往。文惠廉被中华圣公会称为"创立教会之第一人"。他 1834 年受命来华，先至新加坡学习汉语，而后他去了厦门，1845 年进入开埠不久的上海。文惠廉非常重视教育，抵沪后不久即开办了一所男童学校。而后又于 1856 年创办了一所"文化学校"。裨治文夫妇此时都隶属于美国"美部会"，而裨夫人曾隶属于圣公会。裨氏夫妇，曾于 1850 年在上海，创立了"裨文女塾"。现有许多资料表明文惠廉与裨治文夫妇时相过从，交往和共事的机会非常多。在 1861 年 10 月 18 日，裨治文写给卫三畏的最后一封信中，还多次提及文惠廉主教。① 笔者推测，有一个可能是：誊抄文稿的学生有可能是文惠廉的圣公会学校中的学生。

（4）该稿是一位学生为裨治文所誊抄，并交给了裨治文。裨氏逝世之后，不知在何种情况之下，文稿转交给了卫三畏。很有可能，裨治文便是译者（或诸译者中的一位）。理由是：其一，原书稿的正封面上，题名已消失，封面上所贴的著者信息的标签，只剩下"裨先"两字，可知对应的是裨治文的学生对他的称呼"裨先生"；其二，整个书稿包含在一个黄色的纸文件夹中，文件夹的边缘有几行铅笔字，可以证明。这几行字，容易被忽略，因为写在文件夹边缘，而且铅笔字迹较淡。字迹写道："Elijah Coleman Bridgman：Manuscript Copy of an English Translation of Lao

① ［日］宫泽真一、顾钧主编：《美国耶鲁大学图书馆藏卫三畏未刊往来书信集》，广西师范大学出版社 2012 年版，第 23 册，第 93 页。

Tse, The Book of The way and of Virtue, prepared for Bridgman by a Student, 1859."（裨治文：《〈老子〉英译手稿，道与德之书，一位学生为裨治文所准备》）这明显是将裨治文看作是该稿的译者。但是，这几行字，可能是后人（如图书馆馆员）所加，该文件夹的纸质虽然不新，但是也不像原书稿那么老旧。

（5）译稿末页有较浅的铅笔字迹，标有"Mission Library, Peking"（北京传教站图书馆）。鉴于此处的铅笔字与译稿的钢笔字字迹不同，我们可以判定是出于两人之手。我们无法确定译稿是否在北京完成，但是它或许是在誊抄完成后，入藏于北京的某教会图书馆，或该稿经过了第三、四方的审读。裨治文在1861年辞世之后，该稿辗转至卫三畏处，而后随卫氏到美国，收藏在耶鲁大学图书馆的档案之中。

这个稿本的旅行和接受过程是如何完成的，也让人颇为费解。1861年11月2日，裨治文在上海家中逝世之时，卫三畏人在美国，正遭丧子之痛。此年11月，卫三畏写给裨治文夫人的多份信件表明，他对于同一时期丧子和丧失一位导师兼良友，感到极为悲痛。1862年卫三畏从美国再次来到中国，回到澳门住所，然后于1862年的夏天，从澳门去上海，此年7月后才到达北京。在此之前，卫三畏应该没有可能拿到这部手稿。

卫三畏写给裨治文的书信有一小段时间是间断的，即1858年6月26日之后，他就没有写信给裨治文。因为卫三畏参与了天津大沽口事件，并为入侵中国的四国联军辩护。1858年，英、法、美、俄四国派出专使，率领兵舰联合北上，进驻白河口，直逼天津。此后，联军又经通州进北京，火烧圆明园。在1858年6月18日，卫氏代表美国，参与了与中方的谈判事宜，而后便离开了中国，返回了美国。这一行程中，他没有写信给裨治文。有证据表明，这并不是书信没有保存下来，而是他确实太过于忙碌，未能有暇写信给裨氏。1861年，卫三畏在美国接到了裨治文从上海寄来的最后的一封信。卫氏随即在回信中，表达了长久未给他写信的深深歉意。据此，我们可以推断，在1858年6月至1861年写此信之前，卫氏应该没有机会阅读到这一部完成于1859年3月的《道德经》英译稿。

1861年10月18日，裨治文在谢世之前给卫三畏写了一封信。在信中，他提到了，他正打算寄给卫三畏一部新近修订出版的《美国史》〔即出版于1861年的《（大美）联邦志略》一书，管嗣复曾为其润色，后由梁植即梁发之子梁进德润色完成，下文有论及〕。裨治文还提及，裨夫人于 10 月 10 日随 Hunters 夫人，以及几位女传教士，离开了上海，奔赴汉口传教。① 可以推断，裨治文逝世时，裨夫人并不在其身边。不久，裨治文逝世后，裨夫人赶回上海奔丧，事毕随即带着裨治文的遗物，直接去了日本的神奈川。裨夫人辗转各地，又惨遭丧偶之痛，一路上身体状况也不甚佳，故而也无暇整理裨治文遗物。根据裨治文夫人的日记（1861 年 12 月）记载，她到了日本之后，有一位年轻人——上海的 Lowder 牧师的儿子经常来裨夫人的住所。从裨治文遗留的文件中，抄录出一些文件，再寄给卫三畏。② 线索至此为止，或许与此稿有一定的相关。

笔者翻查过大量材料，上下求索追寻过梁进德这一条线索，觉得梁氏有可能是翻译过程中的参与者，也可能是那位誊抄原稿的学生。梁进德为梁发之子。梁发曾由米怜（William Milne，1785—1822）牧师施洗，后在澳门被马礼逊（Robert Morrison，1782—1834，新教首位来华传教士）按立为首位华人牧师（其墓现在中山大学校园内）。裨治文来华时，也曾去投靠马礼逊，后来裨氏收养教育梁进德，长达十几年之久。美魏茶（Milne，William Charles，1815—1863，米怜之子）便曾说："裨治文对待进德就如自己的独子一样。"③ 裨治文《联邦志略》1861 年出版后有梁进德的跋，也说"植时得列门墙，蒙先生循循善诱，视予犹子。愧植不敏，深负雅教"④。裨治文待梁进德，可谓恩重如山。多年来，他刻意栽培梁进德，务求使他精通中文、英语（10 岁开始学）、希伯来语和希腊文（这两种语言，12 岁开始学）等语言，以便日后协助翻译《圣经》和其他经典事宜。"委办本"《圣经》于 1854 年全部完成，这是一个集体合作的产物，参

① ［日］宫泽真一、顾钧主编：《美国耶鲁大学图书馆藏卫三畏未刊往来书信集》，广西师范大学出版社 2012 年版，第 23 册，第 93 页。

② 同上书，第 23 册，第 105 页。裨夫人于 1861 年 12 月 17 日在日本神奈川写信给卫三畏，其中有一段提及一位年轻人（Lowder 牧师的儿子）经常来访，为卫三畏抄裨治文档案中的一些材料。未知此人是否与本译稿相关。"A kind young man who is a constant visitor here (the son of Rev. Mr. Lowder, formerly chaplain at Shanghai) is copying for you my husband's last hours, from notes which I took at the time, and which I enclosed for your perusal, after which please send it to Mr. Bonney for them, Baces, Hapers & C, and then I wish it returned to me."

③ 苏精：《林则徐的翻译梁进德：马礼逊施洗的信徒二》，苏精：《中国开门！马礼逊及相关人物研究》，香港基督教中国宗教文化研究社 2005 年版，第 233 页。原信藏于伦敦大学亚非学院的传教士档案，信息见 ABCFM/Unit 3 / ABC 16.3.8 /Vol. 1A, E. C. Bridgman to Rufus Anderson, Macao, 29 November 1840, C. T. Smith, "Commissioner Lin's Translator," 33; C. T. Smith, Chinese Christian, 58。

④ 裨治文：《联邦志略》，上海墨海书馆 1861 年版，梁植跋，第二叶。

与译者和中国助手颇众，然而译本虽是完成，某些争议仍未能达到统一，发生了著名的"译名之争"。① 1851 年始，同时参与"委办本"《圣经》翻译和修订的两位美国传教士裨治文和克陛存（Cubertson M. C. 1819—1862），另在美国圣经公会的资助下也重新翻译和修订一个版本的《圣经》，史称"裨治文 – 克陛存译本"。该译本《新约》于 1859 年出版，而《旧约》虽完成，但直到两人逝世后，即 1863 年才正式出版。1851 年至 1859 年，裨治文与克陛存合作修订《圣经》期间，梁进德至少在上海逗留五年以上，协助润色"委办本"《圣经》和"裨治文 – 克陛存译本"等事宜。

笔者查证各种档案，综合而言，还有另外几个证据可支持梁进德可能便是那位誊抄《道德经》译稿的学生。第一，梁进德发表在《中国丛报》上的英文文章，往往都只署"A Chinese Student"，而不直接署上自己的名字。这位誊抄者是"one of the pupils"（学生中的一位），前文讨论重要线索的第四条，也都指出该译者是由"a student"所抄写完成。第二，梁进德是裨治文的学生，也是他的助手。但是梁进德放弃了传道工作去充当清政府官员的幕僚以及后来去汕头海关工作，这些都让裨治文等传教士失望，因而有理由推测传教士们可能并不愿意记录上他的名字。第三，1859年 3 月，正当这个《道德经》英译稿完成之时，梁进德正在上海帮助裨治文润色《联邦志略》的翻译稿。值此同一时段，梁氏帮裨治文翻译或抄写其他作品，也有很大可能。当时，原来襄助裨治文翻译和润色《联邦志略》的中国文人，是管同（桐城文派后四家之一）的儿子管小异，（即管复嗣）但在这一年他退出了翻译工作。王韬在 1859 年 3 月 10 日的日记中记载了：管小异因为发现了《联邦志略》中包含的基督教内容与他的儒教信念有冲突，愤而退出。② 在管小异之后，裨治文迅速地找到了他的两位学生梁植和宋小宋，帮助润色完成了定本《联邦志略》。梁植便是梁进德。但是，当时的许多新教传教士，因为梁进德在信仰上的摇摆、在传教上没有什么贡献，所以对其颇为失望和不满。1859 年，梁进德"在上海裨治文的教会中，当众表示悔改重生，并且说自己是'上帝恩典

---

① Hanan, Patrick. "The Bible as Chinese Literature：Medhurst, Wang Tao, and the Delegates' Version." *Harvard Journal of Asiatic Studies.* Vol. 63, No 1, pp. 197 – 239.

② （清）王韬，方行、汤志钧整理：《王韬日记》，中华书局 1987 年版，第 92 页；姚达兑：《晚清传教士中国助手的认同危机》，《中国现代文学研究丛刊》2014 年第 11 期，第 35—47 页。

的一个奇迹'"①。这些信息表明了一种可能的情况：这位誊抄稿件的学生有可能是梁进德，而那位老师则是裨治文。倘若如此，裨氏或许会因梁氏的不端或译稿的不善，而不愿署名。

上文提及的诸种材料，是笔者所能追寻和查证到的相关信息。限于学力，只能到此为止。关于这个稿本及其译者的其他可能性线索，笔者也曾查访过一些其他材料，但有一些线索和证据链都中途断开，未能得到确证。笔者在此抛砖引玉，乃是希望读者若读到相关信息，请进一步做更深入的研究，或不吝告知。

二 翻译的文化网络：相关的人物和线索

当然，我们不能孤立地看待这份译稿。在缺乏译者确切信息之时，笔者认为，可以将这个译稿，放在当时的文化社交网络（social network）中语境化地理解。因而，我们有必要了解当时传教士和助译者，他们所从事的翻译活动和文化生产的性质。在一个社交网络系统之中，中心节点（Central node）往往要起较为重要的作用，有大的影响。在人文学的社交网络系统中，一般情况下，大作家/大学者在文化事件中起的作用较大，故而往往是一个中心节点，影响波及其余。然而，在许多时候，我们可能需要在几个不同的节点之间作一些必要的连接。也即是说，在一个文化网络中，可能会同时存在几个中心节点。我们有必要勾勒出他们之间的关系，而这些关系，则是他们通过种种不同的文化的、政治的或想象的网络系统，达到相互理解和沟通，最终促使文化生产变得可能。

笔者将这个《道德经》英译稿本放于一个文化的、学术的社交网络之中，即 19 世纪中外文化生产的社交网络之中去读解。在这个大网络之中，各个节点（多个中心的节点）相互起作用。这些节点，既可以是在华的或在外的传教士、中国文人，也可以是从未涉华的外国汉学家，他们各自在其节点的位置上，与这个版本的《道德经》产生相关的意义，或者做出过贡献。

---

① 苏精：《林则徐的翻译梁进德：马礼逊施洗的信徒二》，苏精：《中国开门！马礼逊及相关人物研究》，香港基督教中国宗教文化研究社 2005 年版，第 239 页。原信藏于伦敦大学亚非学院的传教士档案，信息见 ABCFM/Unit 3 / ABC 16. 3. 3 /Vol. 3, E. C. Bridgman to R. Anderson, Shanghai, 3 October, 1859; The Sixty - sixth Report of The London Missionary Society (1860), p. 19.

（一）卫三畏与儒莲的交往

1844 年 11 月始，卫三畏从澳门出发，经香港、新加坡，再至孟买、苏伊士、尼罗河、开罗、耶路撒冷、亚历山大、贝鲁特、马耳他、罗马、巴黎、伦敦，最终到达纽约。在巴黎时段，卫三畏给身在澳门的裨治文写了一批书信（这批书信，近年已经被影印出版），除了报告行程和见闻感受之外，其中有一些地方与我们的讨论稍微相关，特此不嫌赘衍列出。

1845 年 8 月，卫三畏在巴黎待了两周有余。他的使命是为《中国丛报》杂志社，购买新的印刷字体，并寄回澳门。在巴黎期间，他结识了儒莲及其朋友。8 月 14 日，他写信给皇家印刷所（Imprimerie Royale）[①]，询问购买满文和日文字体（汉文字样较易得到）事宜。不久，他被邀请去了印刷所看字体样本，并结识了时任印刷所印刷和销售的主管杜波哈（Benjamín Duprat）及其好友汉学家儒莲。杜波哈向卫三畏介绍了他们图书馆的藏书状况，以及最近的出版物，其中有一部分是儒莲翻译的中国书籍，包括了出版于 1842 年的法译本《道德经》。令卫三畏叹为观止的是，这个皇家印刷所拥有 800 位工作人员，能够印刷 36 种文字，其中竟然还有埃及象形字体。[②] 在下面的一周多的时间里，卫三畏与儒莲和杜波哈两人，还有几次接触，深入地讨论了儒莲所译的一些中国作品。

卫三畏在寄往澳门给裨治文的信中说，杜波哈对新教传教士在华的出版刊物和书籍，非常感兴趣。[③] 卫三畏表示：假如杜波哈他们已经有我们的书，说不定早就已经卖出了许多。这一句应该说到裨治文的心坎上去了，因为裨氏有时会埋怨，说他出版的一些书，耗费了他许多精力和金钱，希望尽快能将花费的款项收回。卫三畏希望裨治文把他们的出版物从澳门寄送到法国给杜波哈和儒莲。[④] 他说，至于寄送的方式，具体可以问在澳门的 Dent & Co. 公司或 Durand 先生，他们都知道去法国航船的班次

---

① 法国国王弗朗索瓦一世于 1538 年建立"皇家希腊印刷所"（Imprimeurs du Roi Pour le Grec）以印刷文献。1640 年黎塞留红衣主教在其基础上，建立了"皇家印刷所"。此后，这个印刷所随着改朝换代，依次变换为"共和国印刷所""帝国印刷所"和"皇家印刷所"，最后定名为"国家印刷所"（Imprimerie Nationale），沿用至今。

② ［日］宫泽真一、顾钧主编：《美国耶鲁大学图书馆藏卫三畏未刊往来书信集》，广西师范大学出版社 2012 年版，第 23 册，第 456 页。

③ 同上书，第 456—457 页。

④ 同上书，第 457 页。

情况。不久，卫三畏又与杜波哈和儒莲在凡尔赛宫（Versailles）见面，又提及寄书一事，后两人听了非常高兴，希望尽快能读到这些书。

一周之后，卫三畏又写信给裨治文，告诉裨氏，他又去拜访了儒莲和杜波哈。杜波哈再次表示，希望得到四套《中国丛报》（The Chinese Repository）合订本和其他作品。四套《中国丛报》要特殊装订，其中一套是儒莲先生所要的。杜波哈表示，他们收到作品之后，也乐意回赠他们的著作。① 在接下来的另一封信里，卫三畏告诉裨治文，他会将赠书和在欧洲购得的书籍，或亲自带回澳门，或找机会（或许在纽约）寄回澳门。

事实上，我们并不清楚儒莲具体赠送了些什么书给卫三畏和裨治文，然而杜波哈和儒莲想从他们那里得到的书籍却是有列表为证。杜波哈和儒莲表示愿意在互换的原则下，赠送一批他们的著作给裨治文和卫三畏，其中理所当然地包括了1842年由皇家印刷所出版的儒莲法译本《道德经》。

从卫三畏现存的信件影印稿，还可以知道一些相关的线索。根据卫三畏1845年8月25日写给裨治文的信件，我们知道杜波哈和儒莲所需要的出版物，除了四套《中国丛报》之外，还有如下几种，特抄录如下：②

20 *Easy Lessons at* 10 *Francs* 200

10 *English & Chinese Vocabulary at* 17 *Francs* 170

12 *Prémare*，*translation*，*I suppose at* 8 *or* 10 *Francs* 100.

5 *Chrestomathy at* 40 *Francs* 200

— —

670 *fr. About* ＄130.

卫三畏的信中附有如上列表。这些书将寄给杜波哈，请其代售。前面数字是数量，中间数字是零售价，后面是总价。一共47本书，价值670法郎，约130美元。

卫三畏的上列书单，并没有列出书名全称，笔者经过一番查访，确定是如下几部书。

① ［日］宫泽真一、顾钧主编：《美国耶鲁大学图书馆藏卫三畏未刊往来书信集》，广西师范大学出版社2012年版，第23册，第459页，其注释第2个便提及此事。

② 同上书，第456—459页。

1. S. Wells, Williams, *Easy Lessons in Chinese*（拾级大成），Macao：Printed at the Office of the Chinese Repository（香山书院梓行），1842.

2. S. Wells, Williams, *An English and Chinese Vocabulary*（英华韵府历阶），*in the Court Dialect*，Macao：Printed at the Office of the Chinese Repository（香山书院梓行），1844.

3. Prémare, translation。这一部，应该是指裨雅各（James Granger Bridgman，1820—1850）① 所译的《马若瑟的汉语札记》（*The Notitia Linguae Senicae of Prémare*）稿本。

4. Bridgman, E. C., *A Chinese Chrestomathy in the Canton Dialect*. Macao：S. W. Williams, 1841.

笔者对这几部书，稍有两点说明。第一，卫三畏所著的《拾级大成》和《英华韵府》皆类似于词典一类的作品，而裨治文所著的 *A Chinese Chrestomathy in the Canton Dialect*（暂译为《粤语方言文选》）则是一部中文文选的翻译本，一些重要章节和解释则附加有粤语注音。第二，"Prémare"应该是指耶稣会士马若瑟（Joseph de Prémare，1666—1736）。② 马若瑟1698年随另一位耶稣会士白晋（Joachim Bouvet，1656—1730）来华（广州）。1728年，马若瑟曾用拉丁语撰有一部《汉语札记》手稿。该手稿一直藏于法国巴黎的皇家图书馆，直到后来被雷缪沙（Jean Pierre Abel Rémusat，1788—1832）发现。雷缪沙利用马若瑟的《汉语札记》稿，编写了《汉文启蒙》一书，并在法兰西公学院招生，教授汉学，这被视为"近代学院式汉学的开端"③。雷氏再命其学生儒莲将马若瑟的《汉语杞记》抄出十个复本。其中一个复本，于1825年2月，寄达马礼逊手中。当时马礼逊身在马六甲。据称是因为寄来的这个抄本本身有问题，可能是抄写过程中出了不少错误，因而使得马礼逊在准备出版马氏的著作时遭遇到了不少困难。直到1830—1831年，米怜受命于马礼逊，才将此书

---

① ［英］伟烈亚力：《基督教新教传教士在华名录》，赵康英译，天津人民出版社2013年版，第162—163页。

② 关于马若瑟的生平和学术成就，请见李真《来华耶稣会士马若瑟（Joseph de Prémare, S. J.）生平学术成就钩沉》，日本《東アジア文化交涉研究》2012年第5号，第131—160页。

③ 潘凤娟：《从"西学"到"汉学"：中国耶稣会与欧洲汉学》，《汉学研究通讯》2008年5月（总第106期），第15—26页。潘氏指出裨治文于1847年将《汉语札记》英译出版，这是错误的。前人也有类似的错误，常将"裨雅各"错认为其堂兄裨治文。真正的译者是裨雅各。

在马六甲的英华书院以拉丁语原文印刷出版。① 当时能够印刷大量汉字和拉丁语的地方并不多，而米怜他们恰好有这两种字体。1832 年的《中国丛报》曾发表了两页多的书评介绍了此书的内容。② 此后，裨雅各于 1847 年将该书译成英语，在广州的《中国丛报》办公室（Printed at the Office of the Chinese Repository，即上文列表中的同一个出版社"香山书院"）出版。③此书被法国汉学家戴密微（Paul Demiéville，1894—1979）在其著《法国汉学史》中，称赏为"19 世纪以前最完美的汉语语法书"④。

上面所举的信件，卫三畏写于 1845 年。两年之后裨雅各的英译本《马若瑟汉语札记》才正式出版。裨雅各是裨治文的堂弟，也在《中国丛报》办公室中襄助。1847 年，裨治文离开广州去上海，而卫三畏还在美国，裨雅各便全权接任《中国丛报》，直到 1848 年 9 月卫三畏返回中国，才交给卫氏管理。⑤

同是在 8 月 25 日的这封信，卫三畏在后文还写道，"请送一部 Vocabulary（《英华韵府历阶》）给儒莲，等到《马若瑟汉语札记》完成之后，请您再寄一部给儒莲和巴赞先生。这两位先生，将会非常乐意收到书籍，而他们呢，则会将他们出版的书籍寄送给您"⑥。据卫三畏所说，巴赞是

---

① ［丹］龙伯格：《清代来华传教士马若瑟研究》，李真、骆洁译，郑州大象出版社 2009 年版，第 240 页。该书出版信息如下：A. P. Prémare, *Notitia Linguae Sinicae*, Malacae：Cura et Sumtibus, Collegii Anglo – Sinici, 1831。

② Literary Notices, *The Chinese Repository*, vol. I（1832），pp. 152 – 155, Anglo – C. College Report for 1831.

③ Bridgman, James Granger（translator）. *The Notitiae Linguae Sinicae of Prémare*. Translated into English. Canton：Office of the Chinese Repository, 1847.

④ ［法］戴仁主编：《法国当代中国学》，中国社会科学出版社 1998 年版，第 27 页。

⑤ French，Paul，*Through the Looking Glass：China's Foreign Journalists from Opium Wars to Mao*，Hong Kong：Hong Kong University Press, 2009，pp. 23 – 24.

⑥ ［日］宫泽真一、顾钧主编：《美国耶鲁大学图书馆藏卫三畏未刊往来书信集》，广西师范大学出版社 2012 年版，第 19 册，第 457 页。"I wish you could send one of the Vocabularys to Stanislas Julien, and when the translation of Prémare is finished, send one to him & to Mr. Bazin；both of these gentlemen will be glad of copies, and will on their part send copies of what they published."这一段，卫三畏的英文传记及其中译本，抄写和翻译皆有错讹。"Vocabulary"是指一部书，故而原文的"vocabularys"不能按该词的复数形式缩写成"vocabularies"。而且，中译本的翻译让人误以为《马若瑟汉语札记》是裨治文在翻译。Williams, Frederick W. *The Life and Letters of Samuel Wells Williams*, New York, G. P. Putnam's Son's, 1888, p. 141. 其中文翻译，请参 ［美］卫斐列（Williams, Frederick Wells），《卫三畏生平及书信一位美国来华传教士的心路历程》，顾钧、江莉译，广西师范大学出版社 2004 年版，第 19 册，第 77 页。

大学教授，对客居巴黎的卫三畏照顾甚多。卫氏对其也甚为感谢。此后信件中，没有附录"他们出版的书籍"的列表，但笔者推测，鉴于儒莲本法译《道德经》在欧洲产生的极大影响（直到如今，仍是经典译本），儒莲应该会将其一起寄来给裨治文。正通过这些方式，裨治文读到了法译本。

同一时间，卫三畏在写给裨治文的几封信中，还提及了儒莲需要一些字典，故而他问：您手中是否还有麦都思（Walter Henry Medhurst, 1796—1857）的字典（二卷本），请告知理雅各先生，让他给您五套。然后，请您将这五套书与其他的出版物，一并寄来法国给他们。① 麦都思也是著名的传教士，曾参与过委办本译经事宜，其著作对太平天国有一定的影响，而理雅各归国后出任牛津汉学教席，曾将《论语·大学·中庸》《孟子》《书经》《诗经》和《左传》等九部中国经典译为英文出版。

（二）文化网络：儒莲、王韬、蒋敦复和湛约翰的交往

卫三畏家族档案中所藏的这个《道德经》英译手稿，如无例外，在翻译和抄写过程中，应该是有中国文人的积极襄助。正如哈佛大学韩南教授（Patrick Hanan）《汉语基督教文献：写作的过程》一文曾指出了传教士文献翻译和写作过程的复杂性："十九世纪外国人著译的汉语作品，几乎都需与华人助手联袂协作，才得以完成。"② 许多时候，这些起了决定性作用的中国人，却不愿或者没能在作品中留下他们的名字。我们也有理由相信，湛约翰和儒莲在翻译《道德经》时，应该也有中国文人的襄助。

这一时段，相关的中外文人的交往网络中，有几条线索很有意义，特为勾勒出来。（1）裨治文、儒莲和湛约翰三人，都曾与近代著名的知识分子王韬有交流，尤其是文字上的合作和交流。（2）王韬曾推荐其好友管嗣复（桐城派后四家之一的管同之子）帮助裨治文翻译《联邦志略》，又荐蒋敦复（清词后七家之一）助译慕维廉的《大英国志》。（3）王韬、蒋敦复与儒莲有文学上的交往。通过王韬的引荐，蒋氏又认识了艾约瑟。

裨治文、儒莲和湛约翰三人，与中国文人在文字上的交往情况简要如

---

① ［美］卫斐列（Williams, Frederick Wells），《卫三畏生平及书信一位美国来华传教士的心路历程》，顾钧、江莉译，广西师范大学出版社 2004 年第 1 版，第 19 册，第 457 页。

② ［美］韩南撰：《汉语基督教文献：写作的过程》，姚达兑译，《中国文学研究》2012 年第 1 期，第 8 页。

下。1861 年，裨治文邀请王韬为其所撰的《美国史》（《联邦志略》）润色。当时王韬虽有意相助，但是有重负在身，后来便推荐了其好友管嗣复襄助裨治文。当时王韬在上海墨海书馆为传教士佣书，襄助他们翻译《圣经》和其他润笔事宜。墨海书馆中有三位著名的知识分子，分别是助译《圣经》的王韬、精通算学的李善兰、为洋教士助选诗词并译《大英国志》著名诗人蒋敦复。时人胡远为三人画了一幅"海天三友图"，因而这三位同在墨海书馆工作的诗友，并称"海天三友"。①

著名诗人蒋敦复为逃太平天国战乱，也来到上海。1853 年始，蒋敦复（字剑人）开始做英国传教士艾约瑟的中文助手。艾约瑟任职于上海制造局，纂述甚富，大多是蒋氏润色的功劳。艾约瑟还向儒莲推荐了蒋敦复。滕固所著的《蒋剑人年谱》有载："先生得艾约瑟之介绍，与法国支那学者儒莲函牍往还。时儒莲方译《大唐西域记》，托艾约瑟以《西域记》序文，请先生用中州语讲解，并为顺文诠次。儒莲有书致先生，先生答书纵论中国文学。是儒莲之译是书，先生与有力焉。其后王韬亦致书儒莲，诱其出欧人关于元史之著述，译为中文，以补元代史乘。此为当时中国士人与欧洲支那学者往之秘闻。"② 由此可见，蒋敦复与儒莲（以及与王韬和湛约翰）之间，有一场较重要的文化交流活动。然而，与传教士等人合作的中国文人，其身份认同并不一致，有的表现得不遗余力，投入极大的学术热情，有的则对屈身服务于洋教士，表现出极为排斥的态度。1856 年，蒋敦复在王韬的介绍之下，帮助慕维廉翻译《大英国志》。蒋敦复并不喜欢传教士，对自己迫不得已服事于西人，颇感痛心。

王韬与儒莲的交往，也是值得一书。1862 年，王韬因化名"黄畹"上书太平天国被发现，为避通缉，遁逃至香港。在香港时，王韬帮助理雅各翻译中国经典。1867—1870 年，王韬在理雅各的盛情邀请之下，远赴英国帮助理氏翻译《易经》。其间他首次写了信件给儒莲。靳剑《王韬与法国汉学大师儒莲》一文，对两人的交往，考之甚详。③ 在《与法国儒莲

---

① 滕固：《蒋剑人先生年谱》，台北广文书局 1971 年版，第 16 页。关于"海天三友"的交往，还可参《蘅华馆杂录》第一册《蘅华日记》，是为台北"中研院"傅斯年图书馆所藏王韬日记手稿。

② 滕固：《蒋剑人先生年谱》，台北广文书局 1971 年版，第 19 页。

③ 靳剑：《王韬与法国汉学大师儒莲》，任继愈主编《国际汉学》第 7 辑，大象出版社 2002 年版，第 150—155 页。

学士》一信中，王韬对儒莲的学问非常称赏。同时也提及了几件事。
（一）称赞其译《道德经》等书的成就。"嗣复见所译《太上感兴篇》、《桑蚕辑要》、《老子道德经》、《景德镇陶录》，钩疑抉要，襞绩条分，骎骎乎登大雅之堂，述作之林矣。"① 这应该不是献媚吹捧、自抬身价的话。因为整句原文，后来还再次收入《法国儒莲传》一文中。② 该文写作于儒莲逝世之后，可谓是对其人的盖棺论定式的总体评价。（二）王韬曾述及蒋敦复帮助儒莲翻译《大唐西域记》一事，并有如下评论。"曩知阁下以《西域记》前后序文，请艾君西席丽农山人细加诠释。其人固尝祝发为僧者，颇工诗词，特序文奥衍，详核为难，或恐怕不免空疏之诮。"③ 此处"丽农山人"一名，即是蒋敦复的外号，其时蒋氏正是在做艾约瑟的助手。（三）王韬表示希望与儒莲合作，一起写作一部《法国史》。王韬的两位好友管嗣复和蒋敦复，分别襄助裨治文和慕维廉削笔润色完成了《大美联邦志略》和《大英国志》两书，此两者分别述录了英国和美国的历史。他指出传教士来华之后，"著述彬彬，后先竞美"，"……而其中尤切于事实者，则若慕维廉之《大英国志》、裨治文之《联邦志略》，即以其国之人言其国之事，不患其不审，而实可以供将来考索"。王韬极有可能是看到好友襄助润色的两部书已经出版，而且反响不俗，故而自己也文人技痒，想与其好友争胜竞美。所以，他向儒莲提议写作《法国历史》一书，而他作为儒莲的助手，帮助其润色。"贵国之列在欧洲，不独为名邦，亦可称古国，而千余年来纪乘阙如，俾中国好奇之士无以鉴昔而考今，良可慨叹。阁下宏才硕望，备有三长，曷不出其绪馀，纂成一史，以诏后来。蒙虽不敏，愿执铅椠以从阁下之后，是所望也，谅无哂也。"④
当然，这也不排除王韬希望借机巴结儒莲，求得一个机会，在巴黎多逗留一段时间。

王韬后来到了法国巴黎，还曾多次登门拜访年迈的儒莲。儒莲虽不能讲汉语，但是能书写汉语，所以王韬与儒莲的"交谈"，如同后来他与日本人的交往一样，采取的是笔谈的形式。即书写在案，相互交换意见。有

---

① （清）王韬：《韬园尺牍》，中华书局 1959 年版，第 94 页。
② （清）王韬著，楚流等选注：《弢园文录外编》，辽宁人民出版社 1994 年版，第 416—418 页。
③ （清）王韬：《韬园尺牍》，中华书局 1959 年版，第 94 页。
④ 同上书，第 96 页。

一次，王韬还记录到，有一个译者在场，为他们做现场的同声传译。"余耳先生名久矣，至英土后，乃以书札通问讯，承先生奖誉过甚，时以文字相折衷。"① 儒莲给王韬所写的信，已经看不到了，未知是不是王韬自我吹捧。

王韬在《漫游随录》一书中，记录了他与儒莲的会面。儒莲一见他便是，"见余喜甚，握手接吻，待见上宾"②。法国人接待客人，大多表现得很热情。这种情况，与传统中国社会中中国人的初次见面的接待，彬彬有礼又敬而远之，当然有所不同。这难怪王韬要大为高兴了。还让人以为他们相知甚厚，或者儒莲将他当作从未遇面的知己。儒莲于1873年逝世，两人之前可能有过合作撰写《法国历史》的计划，便不了了之。1870—1871年的普法战争，对身处法国的儒莲并没有什么影响。战争甫一结束，王韬便出版了《法国志略》和《普法战纪》两书。王韬自撰的《法国志略》一书，据其自云原书初版成于1871年，凡十四卷。后来又觉得该书在内容和体例上，都有很大的缺陷，所以陆续修订，于1890年才完成修订本，以《重订法国志略》出版。此为后话。

王韬为何作《法国志略》，是因为他的朋友们为禆治文和慕维廉等人著有其他国家的历史，皆是可传世之作。王韬在《重订法国志略》的《序言》中说，"乃近时英人慕维廉译《英吉利志》，美人禆治文译《联邦志略》……而法志仍复阙如，亦一憾事，幸冈千仞、高君二桥为先路之导，余得以踵事增华，藉成是书，是则余之深幸也夫"。

（三）湛约翰与王韬的交往

我们还应当了解湛约翰与王韬之间的交谊。在1862年王韬遁逃至香港之前，理雅各已将中国经典"四书"翻译完毕，这一段时间理氏的合作者便是湛约翰和黄胜两人。王韬至港之后，便加入了理雅各翻译中国经典的合作者行列之中。据笔者阅读发现，1864年出版的湛约翰所著《正名要论》③ 一书中，便收有王韬（用笔名"甫里逸民"）为其所写的一篇跋文。该文是王韬的佚文，未见引用和收录在其著作中。在该文中，王韬

---

① （清）王韬著，楚流等选注：《弢园文录外编》，辽宁人民出版社1994年版，第418页。
② （清）王韬著，陈尚凡等校点：《漫游随录》，岳麓书社1985年版，第87页。
③ 湛约翰：《正名要论》（*Translation of Chinese Tract on the Name of God*），香港英华书院1864年版。

盛赞湛氏这部著作对"上帝"译名的讨论之深入，较前人远胜一筹。湛氏曾参与过 19 世纪的《圣经》翻译和"译名之争"，故而《中国评论》上也写一些作品讨论"上帝"一词应当如何翻译，而这部《正名要论》便是对中国经典中各种与"上帝"相关的段落或语句，一一作了摘录和举证，并归类为一个个主题，以辅助其种种观点。该书前后两部分，分别以中英文著成，一共十九页。其中，湛氏在其序言中，批评了朱子的理气之论和《道德经》。他说，"或以朱子等注上帝，'天'也，即'理'而已。有是'气'，便有是'理'。故疑中国之上帝，本非一位具知觉、主理、好善、恶恶之神，不过道理之别名。此乖说，半本老庄，有若《道德经》，'道者，吾不知谁之子，象帝之先'"①。

　　湛约翰在此认为，朱子气论中的"上帝"，即"天"，即"理"，而且这个"天"或"理"或"上帝"，受制于"气"。在他看来，朱子的这种形而上的理气论，是较为荒谬的。道家之"道"，早已被新儒学者经过理论内化、消化进了他们的性理学说之中了。故而"道学"和"理学"是同一个东西。湛约翰认为，朱子的气论中，包含了一个上帝，而且还是一位具有知觉的非人格化的上帝，它主"理"、好善、恶恶。这却是一种对朱子学的误解了。尤其是将超然的"理"与上帝并列对比，是较为荒谬的做法。湛约翰又推测道：这种种说法（朱子的"理"的论式）可能是来自老庄的学说，尤其是《道德经》的章句之中提及的"吾不知谁之子，象帝之先"，即是说，"道"，在上帝之前。这也是不能说服人的推断。一是他对朱子学的理学并不准确。湛氏将"理"看作一个非人格化的上帝，可能是因为看到"理"的超越性的面向。二是他所说的朱子关于"理"的论式，与《道德经》中的"象帝之先"的道体，也没有直接的联系。如果硬要如此说，则还需要更多的论证。三是《道德经》这一章句"象帝之先"中的"帝"，所指也并非基督教意义上的上帝。同样，那个存在于"帝"之先的道体，也一样并非基督教的上帝。然而，无论如何错谬，湛约翰确实是将《道德经》中的"帝"或"道"与基督教的上帝概念作了对比。这一视角，或许还可以在湛译本中结合相关章句，再作更为深入的讨论。

---

　　① 湛约翰：《正名要论》（*Translation of Chinese Tract on the Name of God*），香港英华书院 1864 年版，第八叶。

　　《道德经》中《无源章第四》句，“吾不知谁之子，象帝之先”。耶鲁英译稿本为：“I am ignorant whose son he is. He appears to have preceded the ruler of heaven.”［我不知它是谁的儿子。它的出现（甚至）在天庭的统治者之前。］儒莲法语译本为：“J'ignore de qui il est fils; il semble avior précède le maître du ciel.”①（我不知道他是谁的儿子；它的出现在天主之前。］湛约翰则译为：“I know not whose son it is. It appears to have been before God.”② 这两个版本的翻译，与儒莲的法译本，差别其实不大，但有趣的是在细微之处。与湛约翰则直接译为“God”（上帝）不同，耶鲁本将“帝”（天帝）译为“天上的主宰”，与儒莲法译本“天主/天上的主宰”（Maître du ciel 或 the ruler of heaven）几乎相同。然而，这个“天主”则让人联想到天主教中的唯一上神“天主”。汉文中的“帝”字，与西方基督教中的“God”字，并非全然能够词义对等。湛约翰采取的策略，便是将其直接地内化，等同于“God”一概而论。这种情况会引来争议，不像“天主”一词那样已经被罗马教庭钦定，也被普遍接受。

　　前文提及，现今学界将 1868 年湛约翰所译《道德经》，看作《道德经》英译之滥觞。湛译本其实也是在参考儒莲法语译本《道德经》之后完成的。他在其译本的序言中已经说得很明白。“儒莲的法译本，对我（的翻译）非常有帮助。我很乐意地承认从儒莲的书中得到了许多恩惠。我从没想过要（用本书）取代他那部更加详尽复杂的作品。我的尝试，仅是要将老子的思想，翻译成一个容易读懂的英语作品。”③ 确实，儒莲本参照了许多汉语版本的注释，在学术成就和翻译成就上，是一个不可超越的高峰。而湛约翰的英语译本，仅是对《道德经》原章句的翻译，并不译出任何经典注本的注释，也没有像儒莲在其译本中那样进行学术讨论。仅仅有几处地方，湛约翰的英译译文中，引用了儒莲的翻译（将儒莲的法语译文译为英语）。此处暂不讨论湛约翰的译本，而是再次描绘当时的翻译背景，以求勾勒出一个历史语境，让读者诸君能够把握好当时的文化交流状态。

　　根据可查证的材料，我们可以知道，大概是 19 世纪 60 年代末至 70

---

① Julien, Stanislas, *Le Livre de la Voie et de la Vertu.* Paris：A L'imprimerie Royale, 1842, p. 16.

② Chalmers, John, *The Speculations on Metaphysics, Polity, and Morality of "the Old Philosopher", Lau – tsze.* London：Trubner & Co., 60, Paternoster Row, 1868, p. 4.

③ Ibid., p. xix.

年代初，湛约翰曾写信给王韬，与其讨论《尚书》和中国上古日历中日食之事。王韬给他连续回复了三封信，分别是《与湛约翰书》《校勘春秋朔日月与湛约翰书》和《与湛约翰书论姚氏长历之谬》。① 王韬指出，"大著《幽王以来日食表》，附载于理君所纂《尚书集解》中。惜字同蝌蚪古经，无可辨识。所论春秋日食三十六事，知多未合"②。湛约翰所著的《幽王以来日食表》，附载在理雅各（即上引句中的"理君"）所翻译的《尚书》中。但是，"惜字同蝌蚪古经"，即说王韬读不懂他写的英文文章。然而，在此王韬其实暗藏褒贬。他认为湛约翰所写的文章，有许多地方应该是不正确的。因此，王韬还写了《春秋历学》三书（即《春秋朔闰日至考》《春秋朔闰表》和《春秋日食辨正》），以作辨正澄清。③ 据考证，这三篇文章正是在王韬为湛约翰指出错误之后，湛氏敦促他写成的。④ 这些信件和文章并没有标出时间，但大概于 1889 年收入王韬的集子中。

要之，他们所讨论的古代历法，其实是在中西比较的框架下进行研究的。这种情况与《道德经》的翻译情况相同，即是说当时的译者，无论是中方的文人，还是西方的教士，他们都在一种比较的视野——比如比较经学、比较宗教的视野之下，去做研究和讨论。

综上所述，笔者以王韬为这个文化网络的一个中心节点，发散开去讨论其交往的人物（其他节点），如儒莲、湛约翰、蒋敦复等人，皆是为了重重勾勒和描绘当时社会网络的图景，再突显出本书讨论的耶鲁本《道德经》英译本在这个文化语境之中的重要地位。儒莲也可以作为这个文化网络中的一个中心节点，如果以这个视角看，他对整个文化网络的影响，着实不小。毫不夸张地说，儒莲法译本便是居于这个文化网络中的一个中心节点，处于非常重要的位置。向前看，儒莲以其所译的法语译本《道德经》，纠正了自明代以降来华的耶稣会士对《道德经》的错误翻译和解读。平行看，儒莲译本是同时代中是最好的作品。而向后看，这部书则影响了耶鲁英译稿本和湛约翰的英译本。故而说，在这个世界性的文化

---

① （清）王韬：《春秋历学三种》，中华书局 1959 年版，第 112—136 页。

② 同上书，第 112 页。

③ 同上。

④ ［美］恒慕义（Hummel, A. W.）主编：《清代名人传略》，青海人民出版社 1990 年版，第 346 页。

生产和交流的网络之中，儒莲法译本具有非常重要的地位。

让我们再回到裨治文所处的位置看。裨治文给杜波哈和儒莲他们寄了新教来华之后在澳门和广州等地出版的书籍。儒莲和杜波哈，则也寄赠了儒莲和其他法国汉学学者的作品到澳门（或广州，未确知）给裨治文。故而裨治文应该有机会读到儒莲的法语本《道德经》。当然，我们仍然不能排除裨治文是该英文手稿的译者。若非裨治文，有很大的可能也是与裨治文相关的另一位传教士教师在他的鼓励或帮助之下完成了该手稿。裨治文和卫三畏的中介作用，确实不小。"中介"（Agent）一词，或译"动能""动因""媒介""机构""代理人""推动者"，甚至是"间谍"。在这里，笔者以这个概念，来指称那些在这个文化网络之中起较大作用的"动能""中介"，既指来华的传教士，也指中国文人和外国汉学家。他们既是"中介"，也是一个网络中的重要的文化节点（cultural node）。在这场文化交流中，这些文化节点，起到了举足轻重的作用。

最后，让我们串起所有的线索，来重述一下整个故事。这部译成于1859 年的《道德经》英译手稿，迄今为止仍无法确切考证出译者是谁。但我们知道：一位圣公会学校的学生为裨治文誊抄了该手稿。该手稿中英对照，左边页是用工整的楷体汉字抄写了《道德经》原经文章句，而右边则是用优雅的英语花体字抄写了英文译稿。1861 年裨治文逝世，此后该手稿辗转到了卫三畏手中。卫三畏离华赴美，一直藏于耶鲁大学图书馆档案之中，未见出版，也未有任何相关研究，甚至卫氏的档案之中也没有更多的材料能够辅证或解释这个像是凭空生出的作品。

该学生有可能是在文惠廉创立的圣公会学校中读书，也有可能是后来在神奈川的 Lowder 牧师的儿子。至于翻译的过程中，有没有可能有中国学者的参与呢？相当有可能。然而，也不排除由某位传教士在其学生的辅助下完成。在 1859 年的中国，与传教士公开合作的中国人并不算多，而且从其誊抄的文字来看，此人可能既精通英法两种语言，中文水平也确属不错。所以，译者或译助（不仅仅是抄写者）中，或许有来自教会学校出来的年轻学生，如梁发的儿子梁进德之流。假若梁进德是这个译稿的誊抄者，那么该译本的译者，最有可能便是裨治文本人。

在讨论这部译稿之前，有必要对在此前后时段的《道德经》翻译情况，作一个简要讨论，这样才能将这个译稿置于《道德经》翻译史的语境和学术脉络中去理解。下文的讨论，便移至这个英译稿译文情况方面，稍作解释，作为一种导读。

三 《老子》西行之简史：从圣经东方主义式翻译到儒莲法译本

1. 儒莲法译本之前的节本翻译，作为一种圣经东方主义式的解读

《道德经》不仅仅是一部中国经典，而且也是一部世界文学经典，因其一再地被翻译成各种外语，被不同文化系统中的人接受和阅读，跨越了其原有的语境而流传。哈佛大学教授丹穆罗什（David Damrosch）曾对"世界文学"给出如下的定义："在最广泛的意义上，世界文学可以包括超出自己本国范围的任何作品……无论何时何地，只有当作品超出自己本来的文化范围，积极存在于另一个文学体系里，那部作品才具有作为世界文学的有效的生命。"① 如果从丹穆罗什关于"世界文学"的定义来看的话，作为华夏文明正典（canon）的《道德经》，在过去的几百乃至上千年间，超越了其原文语境，而被流传、被阅读。其典律性无疑是世界性的。故而，从不同的层次看，《道德经》都是一部超级经典。中世纪欧洲，有很长的一段时间，欧洲不同国家的读者、学者在拉丁语原文中阅读维吉尔的作品，当然后来也阅读其作品的各种翻译版本。与此相似的是，西方传教士和略懂汉语的西方人，在中国文人的襄助之下，阅读《道德经》，并研究和翻译了部分章句。然而，有趣的是，在不同的程度上他们都有一些误读。

据辛红娟考证，关于《道德经》的翻译，"目前，翻译文字已达 28 种之多，版本多达 1100 余部，居外译汉籍之首"②。这可能是较为保守的估计，因为她讨论的主要还是欧洲语言（尤其是英语）的翻译，而且其下限是 20 世纪末。但是，在欧洲语言之外，《道德经》还有许多其他非欧洲语言的译本，并且近十几年来，光是英译本就已经层出不穷，所以以上的数目应是保守的估计。

关于《道德经》英语翻译的研究，近年来有两部专著：2008 年辛红

---

① Damrosch, David, *What is World Literature?* Princeton, NJ: Princeton University Press, 2003, p. 4.

② 辛红娟：《〈道德经〉在英语世界文本行旅与世界想像》，上海译文出版社 2008 年版，第 9 页。笔者从此书中得到启发甚多。谨于此向辛教授致谢。

娟撰《〈道德经〉在英语世界：文本行旅与世界想象》一书，描述了《道德经》一书的英译，以及由文本旅行、读者接受而形成的世界想象；2013 年，杨玉英撰《英语世界的〈道德经〉英译研究》①一书讨论了《道德经》的五十多个英语译本，对英语世界的《道德经》英译情况作了系统的梳理。这两部著作都指出：学界一致认为《道德经》最早英语译本是湛约翰译本。这两部专著在讨论到《道德经》的翻译史时，都忽略了《道德经》最早的翻译是唐代僧人玄奘的梵语译本，而最早的英语译本则是本书耶鲁大学所藏的英译稿本。

迄今为止，《道德经》可知的最早翻译本，可以追溯到 6 世纪唐代僧人玄奘的梵文翻译。这一事件有唐太宗的敕文可证。当时，唐玄奘与成玄英等道士，受命于唐太宗李世民，将《道德经》本文章句译成梵文。几位译者之间还发生过关于翻译的辩论，讨论的内容有一部分是关于在翻译出《道德经》本文章句之后，是否还应译出名家注疏。《释玄奘传》中有记载，"令玄奘法师与诸道士对共译出。于时道士蔡晃成英二人李宗之望。……寻又下敕，令翻《老子》五千言为梵言，以遗西域。奘乃召诸黄巾，述其玄奥。领叠词旨，方为翻述。道士蔡晃、成英等竞引《释论》中百玄意，用通道经"②。季羡林先生还曾撰文讨论玄奘翻译《道德经》与当时的争论。③ 他认为，"玄奘确实已将《道德经》译为梵文"，但是，没有更多的材料可以证明《道德经》是否曾经传至印度。④

此后便是 16 世纪初的罗马天主教耶稣会"索隐派"（Figurtists）传教士的翻译。耶稣会传教士作为中介，不只是上帝福音的使者，还在 16 世纪以降的中外文化双向的交流中扮演了非常重要的角色。他们将《道德经》一书传至西方，使其在中文、中国语境之外，被广泛阅读、翻译和研究，也因而促生了新的思想、文化和意义。

关于耶稣会士的《道德经》翻译简史如下。辛红娟的专著中，已经提及：据李约瑟（Joseph Needham，1900—1995）的考证，欧洲最早《道

---

① 杨玉英：《英语世界的〈道德经〉英译研究》，中国社会科学出版社 2013 年版。

② （唐）道宣：《续高僧传释玄奘传》，梁慧皎等撰《历代高僧传》，上海书店 1989 年版，第 455 页。

③ 季羡林：《佛教的倒流》，季羡林《季羡林全集》第 15 卷《佛教与佛教文化》，外语教学与研究出版社 2010 年版，第 313—354 页。

④ 同上书，第 330—331 页。

德经》三个译本分别是，"17 世纪比利时传教士卫方济的拉丁文译本，18
世纪上叶（1729 年）法国传教士傅圣泽的拉丁文和法文合译本，18 世纪
末德国神父格拉蒙特的拉丁文译本"①。卫方济（François Noël，1651—
1729）和傅圣泽（Jean Francoise Foucquet，1665—1741），都是耶稣会传
教士，属索隐派之列。② 卫方济用法语译《道德经》一事，仅见于宋君荣
（P. Antoine Gaubil，1689—1759）的一面之词，未见其他人提及。"卫方
济神父曾把相传为老子所著的《道德经》译成法文后，当时即把译文送
往法国。"③ 我们既不知此书下落，也不知其具体的翻译情况，比如翻译
所参照的母本是哪一个版本的《道德经》，以及这是不是一个全译本等方
面的信息。上引文中，辛红娟没有提供李约瑟的考证之出处，我们没有更
多的材料证明与否。事实上，学界对卫方济和傅圣济两译本，孰为先后，
仍然有一些争议。④

笔者未能查证到卫方济译本的出处，但看到了傅圣泽译本的出版信息
如下："《道德经□□》（*Tao Te King Ping Chou*），夹有空白页的装订本，
其拉丁文和法文的译本出自傅神父之手，附有注释，共两册，4 开本，手
稿。（Klaproth，Catalog. T. II，p. 9，Cordier：《图书集》第 1069 页）"⑤（该
书书名后两字已经认不清。书名可能是"道德经评注"）另一种相关的说
法是，"他曾对两种《道德经》版本作过笺注，参与了'上帝、天、道'
三种术语的讨论，提出'道'字系指基督教徒的最高神——造物主'上
帝'，认为'道'相当于'上帝'，也相当于'天'，对《道德经》作了
如下的评价，'整部《道德经》仅仅是经文，其中讲到智慧得到发展而形
成了道德的模式'"⑥。前辈学者认为，这部译稿大概完成于 1729 年，并
认为傅圣泽等"索隐派对《老子》的阐释完全是宗教性的曲解，也奠定

① 辛红娟：《〈道德经〉在英语世界文本行旅与世界想像》，上海译文出版社 2008 年版，第
10 页。
② ［法］费赖之：《明清间在华耶稣会士列传 1552—1773》，梅乘骐、梅乘骏译，天主教上
海教区光启社 1997 年版，卫方济传略，第 478 页始，傅圣泽主教传略，第 653 页始。
③ 同上书，第 484 页。宋君荣神父传略，见同一书，第 805 页始。
④ 马祖毅、任荣珍：《汉籍外译史》，湖北教育出版社 1997 年版，第 73 页。
⑤ ［法］费赖之：《明清间在华耶稣会士列传 1552—1773》，梅乘骐、梅乘骏译，天主教上
海教区光启社 1997 年版，第 658 页。
⑥ 李养正主编：《当代道教》，东方出版社 2000 年版，第 393 页。

了此后两个世纪内西方对《老子》研究的宗教性基调"①。此论甚为公允。

有学者已经指出，我们上文提及的耶稣会会士马若瑟，曾用拉丁文对《道德经》作了评注。② 此说未知确否。也未能确知，马若瑟是否对全书作了翻译和评述，抑或是节选的翻译或评论而已。事实上，法国国家图书中，曾藏有马若瑟所撰《关于道德经的若干提要》，共二页（大概是1707年前后的作品）。③ 非常有意思的是，他自认为从《老子》第十四章中发现了基督教上帝耶和华的圣名。《道德经》第十四章章句有："视之不见名曰夷，听之不闻名曰希，博之不得名曰微。此三者不可致诘，故混而为一。"马若瑟认为，将"夷"（yi）、"希"（hsi）和"微"（wei）三字，合起来变成"夷希微/yihsiwei"一词，便等同于《圣经·旧约》中的上帝之名（雅赫维/Yahweh）。④ 这是非常典型的耶稣会"索隐派"的解经之道。耶稣会士希望化解天主教教义与中国传统礼仪（尤其是信上帝与拜祖宗之间）的矛盾，试图将中国文化移植、化约，并使其在西方历史文化语境中合法化。他们的阐释和翻译，往往是一种以基督教教义/圣经为中心而做出的误读和曲解。这里讨论的马若瑟对《道德经》的解读，亦正如是。马若瑟解读的可笑程度，与当年玄奘和成玄英等人翻译《道德经》为梵文时，有些道士认为老子转生为释迦牟尼或者认为老子西行而传道给印度人一样，都是基于本土传统的一种文化中心主义所作出的荒唐解读。

关于马若瑟将"夷""希"和"微"三个字，合起来等同于天主教上帝的圣名，这一类似的案例还有几个。其中的一个案例，是后来的学者乐于称引的。著名的比较文学学者法国人艾田蒲（René Etiemble，1909—2002），曾在其名著《中国之欧洲》中，提及1773年钱德明神父（Jean Joseph Marie Amiot，1718—1793）对于《道德经》中"希""夷""微"三字的讨论。"'这三者如果细问是徒劳的，唯有理性可以告诉我们，它们合三为一，只不过是一个整体。'他由此而获知《道德经》宣扬的是三

---

① 严慧：《超越与建构〈天下〉与中西文学交流 1935—1941》，光明日报出版社2011年版，第58页。

② 李养正主编：《当代道教》，东方出版社2000年版，第393页。

③ ［法］费赖之：《明清间在华耶稣会士列传 1552—1773》，梅乘骐、梅乘骏译，天主教上海教区光启社1997年版，第626页。

④ ［法］安田朴、谢和耐等：《明清间入华耶稣会士和中西文化交流》，耿昇译，巴蜀书社1993年版，第150页。

位一体的教理，而'存在'的三个品性'yi, hi, ouei'，显然构成了Jeho-vah（耶和华）的名字。……而维韦热神父却以这种奇怪的方式翻译道：'当人们注视它的时候，却看不到它，因为它是看不见的；当人们听时，却听不到，因为它不发生声响；触摸，感觉不到它，因为它是不可触知的。这三种属性是不能区分的，因为它们代表同一存在。'"① 当然，艾田蒲无法同意这种化约的解释方法。他指出，"这种译法太说明问题了，因为它将'道'人格化了，赋予'道'以一种与老子迥异的天主教神学概念属性"②。

耶稣会传教士索隐派中的汉学家，大多持有类似的观念。比如索隐派的代表人物白晋，在研究《易经》时，便提出可以在八卦中找到与《圣经》中的"创世纪"相似的内容，并且还能解开"三位一体的奥秘"。白晋认为《易经》和《道德》中充满了各种"先知的预言"，可以几乎等同于基督教教义。他还指出："'《易经》数字的神秘，似与毕达哥拉斯、柏拉图、埃及犹太哲学中的神秘数学相呼应，此秘密是由第一个祖先给其后代的，虽然后来消失了，但必然是来自造物主之神秘启示。'由此他得出结论，'在八卦中可以看出创世及三位一体之奥秘'。"③

索隐派翻译和解读中国经典的模式，还影响了雷缪沙。1823 年，法兰西公学院首任汉学教授雷缪沙发表《关于老子的一生及作品的备忘录》，并用法文翻译了《道德经》第 1、25、41、42 章。④ 雷缪沙受到索隐派影响的最直接例子，便是他在法国皇家图书馆发现的马若瑟的著作，如前文提及的《汉语札记》一书。雷缪沙当然也读过了马若瑟讨论《道德经》的部分手稿。由此我们知道了他那荒谬思想的源头，其实是源自索隐派的诸位汉学家。从好的一面看，索隐派的做法，可以缓和中国古代

---

① ［法］艾田蒲（Rene Etiemble）：《中国之欧洲》，许钧、钱林森译，河南人民出版社1992 年版，第 193 页。钱德明著有 16 卷丛书《北京传教士关于中国历史、科学、艺术、风俗和习惯录等》（*Mémoires Concernant l'Histoire, les Sciences, Les Arts, Les Moeurs, Les Usages, etc. das Chinois: Par Les Missionaires de Pekin.*），出版于 1776 年至 1814 年。

② 同上。

③ 杨宏声：《明清之际在华耶稣会士之〈易〉说》，《周易研究》2003 年第 6 期，第 51—58 页，尤其是第 47 页。

④ Rémusat, Abel, *Mémoire sur la vie et les Opinions de Lao - Tseu, Philosophe Chinois du Vie Siècle Avant Notre ère, Qui a Professé les Opinions Communément Attribuées à Pythagore, à Platon et à Leurs Disciples*, Paris: Imprimerie Royale, 1823.

经典与基督教经典之间的强烈冲突；从坏的影响看，依此观念作出的研究，结论大多站不住脚。

雷缪沙也如马若瑟一样，坚持附会地认为《道德经》第十四章中"夷""希""微"三字的合称，便是上帝的圣名，即"耶和华"。① 除此之外，雷缪沙还附会地声称，"老子的思想与稍后的毕达哥拉斯学派和柏拉图学派所提出的学说'有无可争辩的共同之处'"②。这其实是妄加比附。雷氏又认为将《道德经》全部译出，毕竟是太过于困难了，但是谁若能结合上述的观点，将《道德经》全文译出，那将会是极大的功劳。③他的呼求，不久得到了他的两位学生儒莲和鲍狄埃（Jean Pierre Guillaume Pauthier, 1801—1873）的回应。

来华的耶稣会士，可能看到了《道德经》的经义较为深奥模糊的一面，猜想或许可以做较为开放性的解读，故而他们试图在《道德经》中找到基督教《圣经》或神学的某些依据。这一方面可能是为满足他们《圣经》文化中心主义的虚荣，另一方面也可能是因为当时中西双方长期少有接触，他们无法超越其知识修养去理解世界，故而凡是古老的深奥的东西，必定要归于基督教神学的范畴去讨论。当然，如果他们能够找到中华文明中有基督教的文化元素，即使是最原始而粗糙的，他们仍然觉得自己的文化值得自豪，而他们的传教终究也不是毫无用处。这正如明清的理学家们，面对外夷时，他们宣称对方是蛮夷，但终究是人类，还是可以教化之。文化中心主义的理路相似，无须苛责。

鉴于雷缪沙在欧洲汉学界的较高地位，他的《道德经》译本在欧洲引起了许多争论，他的两位学生——鲍狄埃和儒莲在其呼吁下，开始着手翻译整本《道德经》。博学多闻的书目学家、英国传教士伟烈亚力（Alexander Wylie, 1815—1887）在其所撰的《1867 年以前的中籍西译书目》一文中列出了两部《道德经》译本，一部是 1842 年在巴黎出版的儒莲译本，另一部则是 1838 年由鲍狄埃所译的《道德经，或至高的理性与道德

---

① 辛红娟：《〈道德经〉在英语世界文本行旅与世界想像》，上海译文出版社 2008 年版，第 10 页。

② 李养正主编：《当代道教》，东方出版社 2000 年版，第 391 页。

③ 同上。

之书》(*Tao - Te - King*, *ou Le Livre de la Raison Suprême et de la Vertu*)。①
伟烈亚力平生所撰的几部书目，往往是同一主题下按出版时间顺序排列，
但是在此处，则是奇怪地将后出的儒莲译本置于上面，而更早出版的鲍狄
埃译本反而放在下面（或许是因为伟烈亚力对鲍氏译本知之不详）。鲍狄
埃与儒莲是同学，同在雷缪沙门下受教。雷缪沙译本出来之后，轰动一
时，然而因为立论过于大胆、错误过多，在欧洲学术界招致了许多批评。
故而，才有两位学生的全译本，并对其师的观点做了修正。

儒莲和他的同门鲍狄埃之间，曾经交恶，两人互揭对方的短处。晚清
著名文人辜鸿铭（1857—1928）在其《东方智慧》一书中，曾引用德国
大诗人海涅（Heinrich Heine, 1797—1856）的话来挪揄他俩。"德国诗人
海涅曾说，儒莲有一个奇妙而重要的发现，即波迪埃先生（即鲍狄埃）
一点也不懂汉语，而后者也同样有一个发现，即儒莲全然不懂梵文。"②
对双方而言，这两种说法都是非常具有反讽意味的严重的指控。因为儒莲
正是以精通东方语言（包括梵文）著称，而鲍狄埃（波迪埃）以精通汉
语而名扬欧洲。儒莲还曾撰有一书，极力地攻击其同门，闹得对方极为难
堪。其书名，若是译为中文，则是《最近鲍狄埃先生对一种美誉有加的
事情做了恶意的扭曲（毁谤），对此（我）作出的简要回应》。③（若对两
者的"友谊"以及两个译本的相关性感兴趣，可再进一步做研究）

辜鸿铭所引的海涅的话，已找不到具体语境。大概是因为鲍狄埃的译
本是在法国的巴黎和德国的莱比锡同时出版，所以海涅得以抢先读到，也
作为读者关注过雷缪沙、儒莲与鲍狄埃三者的翻译和交往。遍查鲍狄埃的

---

① 鲍狄埃的译作题名非常长。又鉴于中译本和伟烈亚力所抄录，也偶有错讹。故而对照原
书，将原题完整版抄录如下，Par G. Pauthier, *Tao - Te - King*, *ou le Livre Révéréde la Raison Suprême
et de la Vertu*, *par Lao - tsèu*. *Traduit en Français et Publié Pour la Première Fois en Europe*, *Avec une Ver-
sion Latine et le Texte Chinois en Regard*; *Accompagné du Commentaire Complete de Sie - hoéi*, *D' Origine
Occidentale*, *et de Notes Tirées*, *de Divere Autres Commentateurs Chinois*, Paris：F. Didot, Leipzig. 1838.
"《道德经：至理与至善》，欧洲首刊本，收有薛蕙的完整注释，鲍狄埃译，第 1 分册，巴黎 1838
年版。"见［英］伟烈亚力《1867 年以前中籍西译要目》，马军译，张西平主编《国际汉学》第
20 辑，郑州大象出版社 2010 年版，第 235—257 页。

② 辜鸿铭：《中国学》，辜鸿铭《东方智慧辜鸿铭随笔》，北京大学出版社 2010 年版，第 5
页。

③ Julien, Stanislas, *Simple Exposé d'un Fait Honorable Odieusement Dénaturé dans un Libelle Recent
de M. Pauthier*, Paris, Chez Benjamin Duprat, 1842. 德国巴伐利亚州立图书馆（Bayerische Staatsbib-
liothek Digital）电子版如下（http：//reader. digitale - sammlungen. de/en/fs1/object/display/
bsb10572617_ 00003. html）［Date：2013. 10. 10］。

《道德经》译本可知，其译本，第一册共有八十页，是《道德经》原文的前九章的翻译，用拉丁语和法语双语译成，加上中文原文三语排版。除了译文之外，鲍译本还将明代著名学者薛蕙（1489—1541）的《老子集解》的所有注释，翻译成了法语，附于每章译文之后，以作解释。李庆认为，薛蕙的《老子集解》是成书于明代嘉靖九年至十五年间的作品，是薛氏"晚年定论之作"。[①] 鲍氏译本被认为是最早的"拉丁文《道德经》全译本"，"被视为欧洲的第一个译本，然而其影响很小，还受到儒莲的批评"。[②] 鲍狄埃与儒莲两者在译本上有不同的取向，原本就交恶，所以儒莲攻击他也在可以想象的情理之中。

儒莲译本被时人公认为是最权威的版本，大概是因为译者严谨认真的"科学态度"，译文较为信达准确，而且在译文之外还翻译了许多具有很高学术价值的注释。儒莲译本书名为《道与德之书》。在其翻译过程中，儒莲参考了二十七种注解本（其中七部是佛教僧人的注本。二十七种之中，有八种是非常重要的参考文献），包括王弼注本、河上公本、焦竑（1541—1620）的《老子翼》和薛蕙的《老子集解》等权威版本。[③] 儒莲将大量的注释、附录的材料和札记，附在每章之后，并撰写了一篇长篇导言，置于书首。故而使得这个译本，远远胜过以往的任何译本，可谓极为全备。这个译本，在非常久的一段时间里，被认为是最权威的译本。有学者已经指出，儒莲是应著名的德国科学家洪堡（Alexander von Humboldt，1769—1859）的要求，完成了这部《道德经》的法语翻译。"可以推测，洪堡在科学研究中是认为《道德经》有一定的参考价值的。但是，在什么程度上，还有待于进一步研究。"[④] 笔者认为，洪堡的科学主义精神，可能较大地影响到了儒莲，促使他力图纠正其师雷缪沙所犯下的种种谬误，使其能够避免其师所犯下"圣经东方主义"式的翻译，做出更加忠实于原文和原注的"科学式"的翻译。

---

① 李庆：《论薛蕙的〈老子集解〉——明代的〈老子〉研究之七》，《阜阳师范学院学报》（社会科学版）2006 年第 1 期。

② 李养正主编：《当代道教》，东方出版社 2000 年版，第 392 页。

③ 关于儒莲法译本的参考文献，在其书前言末尾有说明，请见 Julien, Stanislas, *Le Livre de la Voie et de la Vertu*. Paris：A L'imprimerie Royale, 1842, pp. XXXVI - XLV。

④ 杨静一：《1840—1900 年间西文文献中的中国古代地学史料拾零》，《中国科技史料》1998 年第 2 期。杨文此处有注表明，其原出处在于："F. Von Richthofen. *China*. Berlin, Bd., pp. 1, 1877, 276, 277 - 364, 386 - 387, 723, 275, 275."

儒莲的翻译和解释策略既不同于耶稣会索隐派的译者，也不同于其师雷缪沙和其同门鲍狄埃。正如前辈学者已经指出，"这个译本正确地表达了《道德经》的内容，但是受宗教神秘主义的影响，认为《老子》的'道'和人们的行为、思想、判断、理性是两回事，借助'道'并不能理解神，主张采用'自然'一词，这个词既不是思想，也不是理性"①。在这里，一方面，儒莲并不赞同索隐派从《道德经》中寻找基督教思想或上帝的圣名的做法。另一方面，我们看到的鲍狄埃以及其后的许多译者是将"道"译为"理性"，这也是儒莲所无法苟同之处。儒莲的译本中，"道"被直译为"Tau"（音译），或者"Way"（道路），强调其与西方的上帝之名、形而上学理性主义传统截然不同。

最后，我们如何看待儒莲之前的自耶稣会士以降的传教士译本《道德经》？传教士译者在翻译《道德经》时，他们往往希望从中国的经典中找到《圣经》的痕迹。他们带着比较的视野——比较伦理学或比较宗教学的视野，然而因其所受知识的限制，不能摆脱其文化中心主义，所以他们的翻译——也即是一种文化解读，则变成以基督教西方文化为中心的阐释体系。这种简单的化约，在很大程度上影响了他们对于《道德经》的正确解读，并产生了一种既非等同于传统"圣经学"，也非等同于中国传统学问的第三种学问。笔者姑且称之为"圣经东方主义"（Biblical Orientalism）式的解读。耶稣会士的索隐派所做的正是如此。

东方主义（Orientalism）出于萨义德（Edward W. Said，1935—2003）的同名专著《东方学》（*Orientalism*）。萨义德指出，"东方并非一种自然的存在。……像'西方'一样，'东方'这一观念有着自身的历史以及思维、意象和词汇传统，正是这一历史与传统使其能够，与'西方'相对峙而存在，并且为'西方'而存在。因此，这两个地理实体实际上是相互支持并且在一定程度上相互反映对象的"②。笔者此处所提出的概念"圣经东方主义"，则是一种基于以西方基督教文化为中心，对东方进行

---

① 谢天振：《中西翻译简史》，外语教学与研究出版社 2009 年版，第 231 页。
② [美] 爱德华·W. 萨义德：《东方学》，王宇根译，生活·读书·新知三联书店 1999 年版，第 6—7 页。萨义德认为东方主义属于西方话语建构的产物，旨在突出西方优越、他者低等的状态。这种状态与现实往往并不相符。当"优越的"西方人，想象东方他者时，他们往往将东方看作基要主义、恐怖主义或堕落的，即持一种"敌视"的态度看待。这种对立化的刻板印象，还将东方想象成为带有异国情调的地方。所以，东方主义中的"东方"，并非纯粹的虚构，也非自然的存在，而是一种建构和层累出来的带有殖民性质的话语体系。

研究，以突出《圣经》典律性的解释体系。它是"世俗化地再现或解释《圣经》的典律（Scriptural Canon），带有东方气质和文化的一种产品"①。近代传教士文献的写作，往往会预设了中国是一个与西方/欧洲不同的静止的国度，但是其中有不少带有东方气质的原始元素，这些元素却符合基督教的特定解释体系。换言之，传教士和传教士汉学往往在中土的资源中，寻找基督教的元素，并纳入为圣经学的解释。然而，他们的视角中看到的中国形象和中国学问的印象，是几乎少有改变的，大半会描述成：因为缺乏圣经学的滋养，所以这个国度和这个国家的学问是静止的，没有变化的。虽然如此，我们还是非常高兴地发现，在东方的文化土壤里，有着某种与《圣经》中的描绘或圣经学术提及的事情，非常相似的东西。正如已有学者指出，"受东方主义强化的东方他者形象，是一个长期不变的世界。这个东方世界被再现为静止的、缺乏变化的。圣经学者往往无意识地一再地复制了这种看法：自'《圣经》时间'（Biblical time）以降，（对比起西方国家）非西方的国家缺乏活力和创造力，他们生活在种种限制、种类和风俗之中而几乎不曾改变"②。正是在《圣经》视角之下，西人对于中国的民族性和中国经典的解读，往往出了很大问题。

萨义德的《东方主义》已经受到后来学者的多方面的批评，尤其是他那种坚持认为东西方文明的必然差异和不可调和的观念，遭受许多攻击。但是在早期的来华传教士对于中国经典，尤其是翻译《道德经》时取其中的资源引证为"圣经学"的内容的做法，却是可以用"东方主义"来解释。因为当传教士在翻译《道德经》时，非常容易地将基督教义和"圣经学"，当作唯一的解释源头，从而导致了他们表现出一种学术殖民主义的倾向。与索隐派相似的"圣经东方主义"式的翻译和阐释《道德

---

① Alun David, Sir William Jones, "Biblical Orientalism and Indian Scholarship." *Modern Asian Studies*, 30. Cambridge: Cambridge University Press, 1996, pp. 173 - 184, esp. p. 176. 作者讨论的是作为圣经解释学一个分支的西方印度学，对"圣经东方主义"的定义是："The secular representation and interpretation of the scriptural canon as the product of a specifically eastern temperament or culture."另，关于东方学传统与传教士汉学，可以参考陈喆的论文。陈喆《东方学传统与传教士汉学——艾约瑟对上古中国宗教的阐释》，《中山大学学报》2013年第1期，第120页。"18世纪要兴起的近代东方学研究在相当长的时间内也以论证《圣经》的记载为导向，进而将东方文明纳入基督教的解释体系。这种研究方法也可称为《圣经》东方学。"详细讨论见这篇论文的尾声部分。

② Sugirtharajah, R. S., "Orientalism, Ethnonationalism and Transnationalism: Shifting Identities and Biblical Interpretation", in Mark G. Brett ed., *Ethnicity and the Bible*, Leiden: Brill, 1996, p. 423.

经》，在其他语言译本中也能看到。甚至在 1870 年的德语译本，便是"把《道德经》原文变成为读者熟悉的、富有基督教情调的民族语言，把宣讲自然无为的道家哲学变成灵智主义有神论，把'道'当成'神'，认为'道'的概念几乎完全符合神的精神"①。甚至到 1911 年，德国传教士卫礼贤（Richard Wilhelm, 1873—1930）在劳乃宣的帮助下完成的《道德经》德语译本，也如是，因为"卫礼贤是用基督教精神来理解'道'……"②

要之，这种"圣经东方主义"式的翻译，是将他者的文化传统，化约为自身的内容的学术殖民主义的做法。这样的结果，一方面是时时流露出一种西方基督教文明在学术上和道德上远远高于其他民族同方面成就的优越感；另一方面必不可避免地误读和曲解《道德经》原文（或其他东方文明/典籍），并作出了一些荒唐的解释。

总之，这类圣经东方主义式的翻译和解读，往往是：（1）以基督教教义或圣经学为中心，移植和改造中国经典，使其能够在西方历史和文化中合法存在；（2）肢解了全书或全文的观点，以附会自己的主张，故而许多《道德经》早期译本并非全译本；（3）这是一种学术殖民，应当警惕。由于东西文化彼此间长期缺乏沟通，几乎处于隔离状态。来华传教士凭借一鳞半爪的汉学知识，加上自身的想象和对话语权力的欲望，来翻译和解读中国经典。

---

① 辛红娟：《〈道德经〉在英语世界文本行旅与世界想像》，上海译文出版社 2008 年版，第 10 页。

② 同上书，第 11 页。

下 篇

耶鲁英译手稿的译文特色

一 前言

儒莲法译本因其学术性较强、准确性较高，自出版始在欧洲备受推崇，是一个权威的译本。儒莲法译本成就颇高，据此书而再译的耶鲁英译稿也颇为不俗。下文便抛砖引玉，从一些关键词来讨论这个译本的译文特色。耶鲁本是转译自儒莲法译本，原文大部分内容与之相同，自当是毫无疑义。法译本的"科学性"，比如不按索隐派的附会翻译、前后译文的连贯性，都在耶鲁英译手稿本这里得到了很好的继承。湛约翰译本也参考了儒莲法译本，但不以法译本为准则，而自具其特色。湛译本与耶鲁本有一个共同点，即都几乎没有注释。儒莲本引证诸家注疏再加上自己的解释，几乎达到连篇累牍的地步，其学术性非常之强，但是有些地方，也是难以有一致的理解。湛译本与耶鲁本，正因为两者没有过分的注疏，而且用语非常简单易懂，所以这两个版本都能做到通俗，不难被人接受。

耶鲁英译《道德经》稿本，中英双语左右对照排版。汉语原文，以正楷抄写，非常工整。每章的章首，加入了题目。这种题目是一种"科判"。所谓科判，属于章句之学，原是指阅读和解释佛教经典采用的一种特殊的学术方法，后来用以作宗教经典的分段，将经文的段落、层次或章法结构，划分清楚，再加上标题。科判或标题，往往是全章/节的内容的关键字，其独特作用在于：简扼地总结其本章内容，也可以让人从对比前后的科判标题中看出章节关系。

耶鲁英译本和湛约翰译本，皆是参考自儒莲法译本。然而，儒莲本仅有章节序列没有科判，鲍狄埃译本则有但不出章节序列。耶鲁英译本的中文原文有科判，湛译本则没有中文科判而是将其直接译成英文。湛译本第一章的页注表明，"各章节的标题，是由某位中国编辑所添加"①。这似乎说明了译者在翻译过程中，可能曾有中国文人的参与或襄助。这也可能是说：这些标题并非《道德经》所有，而是编辑者"河上公"所加。即这个"某位中国翻译"也可指我们并不知其生平的编辑者"河上公"。耶鲁本的中文科判和湛译本的英译科判，皆是采自"河上公本"，三者可以对照来看。比如第一章科判标题，耶鲁本为"体道章第一"，湛译本则译成"The Embodiment of Tau"（道的化身）。鲍狄埃译本则将这个标题，翻译为拉丁语"Substantialis Ratio"（理性的实质），其相应的法语翻译则是"Du Tao Ou Principe Suprême, Considéré Dans Son Essence"（道，或至高的原则，关于其本质）。

无论是湛译本还是耶鲁本，其科判标题，皆来源于河上公注本。河上公本的科判标题，代表了该书编辑者对各章内容的理解、概括，故而可以从这些核心的观念去理解整部书的思想体系。全书八十一章，其标题之中，仅有四章有"道"的字眼。它们分别是《体道章第一》《守道章第五十九》《为道章第六十二》和《天道章第七十七》。有十二章的题目，有"德"的字眼，即《显德章第十五》《重德章第二十六》《圣德章第三十二》《辨德章第三十三》《仁德章第三十五》《论德章第三十八》《洪德章第四十五》《任德章第四十九》《养德章第五十一》《玄德章第五十六》《谦德章第六十一》和《淳德章第六十五》。这些重点的章节，为我们提供了进入《道德经》的一种门径（当然，笔者并不是说，标题中没有"道""德"两字的章节，并不论及"道"和"德"）。

关于"道"与"德"的关系，较为简单化地说，形而上者为"道"，而"德"则是"道"践行在形而下的一面。正如陈鼓应先生认为，"形而上的'道'，落实到物界，作用于人生，便可称它为'德'。'道'和'德'的关系是二而一的，老子以体和用的发展说明'道'和'德'的关系；'德'是'道'的作用，也是'道'的显现"②。在陈鼓应先生看来，"道"与"德"是一体两面，二而一的，要看两者在不同的章句、语境和"物界"（或现实人生）中的具体运用。

---

① Chalmers, John, *The Speculations on Metaphysics, Polity, and Morality of "the Old Philosopher", Lau – tsze.* London：Trubner & Co., 60, Paternoster Row, 1868, p. 1.

② 陈鼓应：《老子注释及评介》，中华书局1984年版，第12页。

　　如果我们从传教士所处的知识传统去理解的话，他们这些非汉语文化圈中生长的外人，如何理解《道德经》呢？现成的一种办法是可以采用的，即传统中国人的方法：采取传统的注疏本去理解原文。但是许多传教士或汉学家并不这样，他们是根据自己知识系统中的某些理念为标准，任意裁编各个章句，以符合自己的想法。这种误读只取一部分，而抛弃其整体的框架和内容，容易有以偏概全的弊端。另一种则是以其自身文化传统形成的解释体系来理解《道德经》。湛约翰的阐释和翻译便是如此，隐含了自己的一套解读的方式。姑且不论其好坏，这也是一种解读方式。

　　湛约翰将其翻译的《道德经》冠名为"老子，'老子哲学'中的形而上学、政体和道德律的思考"（*The Speculations of Metaphysics*, *Polity*, *and Morality*, *of the* "*The Old Philosopher*", "*Lau - tsze*"）。他将《道德经》看作是一个整体，对"老子"从"形而上学""政体"和"道德律"三方面进行思考。这三个方面，可以说是湛约翰乃至同时期的传教士们对中国经典所关心的问题。近人陈鼓应曾总论老子哲学思想时说，"老子的整个哲学系统的发展，可以说是由宇宙论伸展到人生论，再由人生论延伸到政治论。……他的形上学只是为了应合人生与政治的要求而建立的"。湛约翰的解释思路是从超验性的形而上学，到政治论，再到人生道德论，是从虚到实的路径。陈鼓应的解释虽然也有西方哲学的理论背景，即以西方哲学的思考范畴来解释《道德经》，其解释方法与湛约翰是相反的。陈鼓应认为，老子的形而上学是从人生和政治而抽离出来的，是由经验世界而概括出来的思想，即是实至虚的路子。然而，如此解释，老子思想是不是一种形而上学，则变成了一个问题。两种解释套路，彰显出了两类解释主体所关心的问题和理解的方式。与陈鼓应关心的老子思想可以"用以作为实际人生的指引"①　不同，湛约翰抛弃了索隐派等人的比附的解经方法，但却在相当尊重中西文明系统不同的基础上，进行比较宗教学式的研究。

　　由于我们这里讨论的耶鲁英译手稿本，与湛约翰英译本，两者都与儒莲的法译本有密切的关系。故而，我们就不妨从湛约翰理解和阐释《道德经》的角度，在对比湛译本、儒莲本和耶鲁本的基础上，进一步去讨论耶鲁英译本的成就、特色和意义。同样，由于耶鲁手稿本，与传教士有密切关系，又与湛氏译本有一个共同的本源——儒莲法译本。故而，我们

---

　　①　陈鼓应：《老子注释及评介》，中华书局 1984 年版，第 1 页。

也可以从湛约翰理解和阐释《道德经》的角度，去对比各种版本，并进而去理解耶鲁手稿本的相关问题。

二 译"玄"：玄、形而上学、"Metaphysics"的翻译

"形而上学"（metaphysics）一词，源于古希腊大哲学家亚里士多德晚年的同名著作，原义是"自然学之后/上"，用以指称在经验世界之外或之上的一些基本的原则，即关于世界的超验的统一性原理的研究，故而亚氏也称其为"第一哲学"。在西方形而上学里，有三个传统的分支，即本体论、自然神学和普通科学（哲学逻辑）。湛约翰在其英译《道德经》中讨论了"本体论"和"自然神学"，而在 1877 年《中国评论》杂志上，还撰有长文论述中国传统经典中的"自然神学"。[①] 在这篇文章里，湛约翰坦言承认：像他这样的传教士都喜爱以基督教的立场去中国经典中搜寻材料，如果中国经典中真没有相关因素，则他们觉得在中国人中传播基督教信仰，会是让人绝望的不成功。[②] 正是在这种比较经学、比较宗教的视野之下，湛约翰将基督教神学、西方形而上学和中国玄学中的某些方面内容，作了互参和互融的尝试。

（一）《道德经》第十四章的"玄学"

湛约翰所说的是《道德经》中与"形而上学"相近的内容，而并不是像索隐派那样妄加比附，在中国经典中找印证基督教教义的材料。从这方面说，他可能是受到儒莲和洪堡的科学主义的影响。湛氏继承了儒莲的反思，反对耶稣会索隐派汉学家的说法，可谓是前进了一大步。

索隐派学者所论的"夷—希—微"三字合而等同于基督教上帝的圣名，这三个字来自《道德经》的第十四章。《赞玄章第十四》有："视之不见，名曰夷；听之不闻，名曰希；搏之不得，名曰微。此三者，不可致诘，故混而为一。……执古之道，以御今之有。能知古始，是谓道纪。"

这一段，湛译本翻译为：

---

① Chalmers, John, "Chinese Natural theology." *China Review*, Vol. 5. No. 5, 1877, pp. 271 – 281.

② Ibid. , p. 271.

XIV - The Praise of the Abyss.

What you cannot see by looking at it, is called Plainness. *What you cannot hear by listening to it, is called* Rareness. *What you cannot get by grasping it, is called* Minuteness. *These three cannot be examined, and therefore they blend into* Unity. ···*But to have such an apprehension of the Tau which was from of old as to regulate present things, and to know their beginning in the past; this I call having the clue of Tau.* [①]

笔者试为返译为现代汉语如下："你通过观看但又看不到它，可谓平易；你通过聆听但又听不清它，可谓稀有；你试图抓住但又抓不住它，可谓细微。这三者不可检测，因而他们混合而为'统一体'。……但是这种理解'道'的方式，是从古老的事物得到，可以管控现时的事物，也可以知晓过去的源头，这我称之为有了'道'的线索（演变轨迹）。"

湛约翰将"赞玄"两字译为"The Praise of the Abyss"。耶鲁稿本汉文科判照抄，但是不将其译为英文，仅有英文序列。湛氏本将"玄"译为"Abyss"，其含义为"深渊""深邃""无底洞"，而在古英语中，此词又有"地狱""阴间"或"混沌"等意思。基督教传统中，路西法（Lucifer）原为天使，叛乱失败后，被上帝打入深渊地狱，这个"深渊"对应的英语词便是"Abyss"。由湛氏的序言可知，他使用此词时，想到的是弥尔顿的《失乐园》，用的典故正是撒旦被打入无底的深渊。

"玄"之一字，在汉语中原是指向魏晋时期的"玄学"，其源于《周易》。此词，也有"神秘""黑暗""抽象""深邃"等意思。《道德经》所蕴含的思想，称之为"玄学"，其实也并无不可。魏晋人所谈的玄学，便是一种新道家学说，专研《道德经》《庄子》和《周易》三部经典（合称为"三玄"）。在《道德经》第一章的最后一句便有句："此两者，同出而异名。同谓之玄。玄之又玄，众妙之门。"湛约翰将其译为，"The sameness (of existence and non - existence) I call the abyss - the abyss of a-bysses - the gate of all mystery"。（存在与不存在的同一性，我称之为"深渊""无底洞"，深渊之深渊，便是所有神秘事物之门。）可知，湛氏将

① Chalmers, John, *The Speculations on Metaphysics, Polity, and Morality of "the Old Philosopher", Lau - tsze.* London: Trubner & Co. , 60, Paternoster Row, 1868, pp. 9 - 10.

"玄"字一向译为"Abyss"（深渊）。在其序言中，他甚至用了"abyss-mother"（玄母）（耶鲁本译为"Mysterious Female"，即神秘的母亲）一词，以解释老子的"玄"学。"在我们置放人类灵魂的地方，他置放了'无'。天与地之间的空间，称为'无'。'无'是非常有用的。它是'玄母'的子宫。万物从这里流出，变成实际的存在。"① 这里的"我们"，是指基督教教徒，或更泛指的西方人。故而，这个"玄"字，与"无"和"存在"的概念，极为密切相关，即如"玄之又玄，众妙之门"一样，是万物之本源。"本源论"方面，传教士免不得要将其与基督教的"创世论"作一番对比。湛约翰的结论与索隐派的看法不同，他认为两者是异质的不同的，并没有多少相关性。

湛约翰对《道德经》中形而上学方面内容的解释，尤其是破除索隐派的偏见的做法，其实是来自儒莲。这一点，耶鲁本译文的翻译策略，也与两者相同。在《道德经》的第十四章这里，湛氏指出了以往对"夷—希—微"三字解读的错误。湛约翰认为，"这三个词的原文 I，Hi，Wei，有些学者猜想是'上帝'希腊语圣名'Jehovah'，由老子转写成了中文。但是其实这些词是可以翻译的，我认为没理由觉得他们不是纯粹的汉语"②。湛氏这句话其实是回应儒莲对于当时其他欧洲汉学家的质疑。儒莲在其法译本《道德经》的前言中讨论这三个词时说，迄今为止，欧洲的语文学家——如同每次他们遇到从未有人解释的或无法解释的汉语词汇一样，皆认为这三个词是"毫无意义的"或"非汉语的"。③ 儒莲力排众议，甚至反驳他的老师的观点，在当时可是引起诸多评议。在湛约翰的评论里，他虽然没有提及儒莲，但是儒莲和这个事件作为不在场的背景还是置在那里。

儒莲并不相信老子将希腊语上帝之名译为中文的做法，因为这三个字，在中文里是有其独特意义，也是可以翻译的，而不是如耶稣会士说的三个字是不可以解释的，不可翻译的。不可翻译的东西，往往归于"纯语言"（Pure language，上帝之言）或者"绝对"（absolute）（这是做比较宗教或比较文化的学者，乃至今日我们做比较文学或者翻译研究的学

---

① Chalmers, John, *The Speculations on Metaphysics*, *Polity*, *and Morality of* "*the Old Philosopher*", *Lau - tsze*. London：Trubner & Co.，60，Paternoster Row，1868，pp. 9 - 10.，p. xiv.

② Ibid.，p. 9.

③ Julien, Stanislas, *Le Livre de la Voie et de la Vertu*. Paris：A L'imprimerie Royale，1842，p. viii.

者，应当警惕的）。

这一章的片段，耶鲁英译稿本的翻译是这样的：

> *Chapter Fourteenth*
>
> *If one looks（at the Taou or way），and he cannot see him，he is named "colorless". If you listen to him，and you cannot hear him，he is named "aphone"，"without a sound". You wish to touch him and you touch him not，he is named "incorporeal". These three qualities cannot be explained by the aid of words. This is why they are confounded in one. ···It is by observing the "Taou" or "Way" from ancient times that one can learn to govern the existence of today. If a man know the origin of the ancient things，he may be said to hold the clue or thread of Taou.*

笔者姑且将其译成现代汉语如下，"倘若有人看（道）、但又看不见它，便可称它为'无色'。倘若你听它、但又听不到它，便可称它为'无声'。你想触摸它、但又摸不着它，便可称它为'无形'。这三者的品质，无法用言辞来解释。这也是为何三者会混合而为一。一个人通过观察自古已有的'道'，便能学会治理现今的具体事物。倘若一个人知晓了古代事物的本源，他可能会说，他把握了'道'的线索"。

此章中的首句原文"之"并没有确切地指出是"道"，像湛氏用"it"代替，似较适宜，耶鲁本以概括标出，句中的宾语"之"（him）即为"道"（the Taou or way）。这一句，耶鲁本直接从法语本译出。儒莲本有"Vous le regardez（le Tao）et vous ne le voyez pas：on le dit incolore"（你看它然而又看不到他，所以他们说"无色"）正是此意。从这方面说，耶鲁本比湛氏本，更接近于儒莲本。

湛氏本将三个字，翻译为"plainness"（朴实）、"rareness"（稀少）和"minuteness"（微不足道），而三者"混而为一"，则变成了"unity"（统一）。耶鲁本的译法，则与其完全不同。耶鲁本三个字，翻译为"colorless"（无色）、"aphone"（无声）和"incorporeal"（无形），是来自儒莲本所译的"incolore""aphone"和"incorporel"，其中"aphone"是法语词汇，但是耶鲁本直接抄写过来，并紧接着附有翻译"without a sound"（无声）。从这里，我们可以看到：耶鲁稿本的翻译策略较为谨慎，对儒莲本亦步亦趋，很少加入新的内容。

儒莲本的翻译，征用了许多种《道德经》的经典笺释。在这一段，儒莲采用了河上公版本的解释。河上公本有解如是："无色曰夷。言一无采色，不可得视而见之。……无声曰希。言一无音声，不可得听而闻之。……无形曰微。言一无形体，不可抟持而得之。"[①] 然而，儒莲的"夷—希—微"翻译，是能自成系统的。他的解释，与其后文第四十一章所翻译的内容，可以相互参看。

第四十一章有句："大音希声，大象无形，道隐无名。"前文讨论的"无声曰希"，即为"希声"，故而"大音希声"与"听之不闻"可以一并对看，即：最大的声音，是听闻（感觉）不到的。耶鲁本十四章此处译为"If you listen to him, and you cannot hear him, he is named 'aphone', 'without a sound'"（倘若你听它、但又听不到它，便可称其为"无声"），第四十一章对应则译为"a great voice of which the sound is imperceptible"（声音的音量极大，以至于难被感知）。

（二）第一章英译、最高造物主和神秘的源头

《道德经》第一章关于"道"的论述，触及了万物的最高造物主和最神秘的源头这一主题，可谓是最接近于形而上学的"第一原理"或神学的"上帝"命题。这一方面的翻译和评论，有诸多的争议。在鲍狄埃看来，第一章是为整部书的序言，讨论了一些非常重要的命题。他甚至用夸张的语调说："这是人类智慧能够想象和表达的最高的形而上学。"[②] 这种对《道德经》的极高赞誉，被当时法国汉学学者普遍接受。

> 体道章第一
> 道可道，非常道；名可名，非常名。无名，天地之始；有名，万物之母。常无欲，以观其妙；常有欲，以观其徼。此两者，同出而异名。同谓之玄。玄之又玄，众妙之门。

耶鲁英译本则为：

---

① 王卡：《老子道德经河上公章句》，中华书局 1993 年版，第 52 页。

② G. Pauthier, *Tao–Te–King*, Paris: F. Didot, Leipzig. 1838, p. 5. "C'est de la métaphysique la plus haute qui ait jamais été conçue et exprimée par une intelligence humaine."

Chapter First

The way that can be expressed by the Word is not the eternal way. The name that can be named is not the eternal name. The being without a name is the origin of Heaven and Earth, with a name the origin of the all things. For this name, they who are constantly exempt from passions see his spiritual essences; they who indulge in passions see the Taou under a limited form and imperfectly. These two principals have the same original and receive different names. They are called the two mysteries, double mysteries. This is the door of all spiritual things, of all mysterious doctrine.

笔者将耶鲁本的这段译文译回现代汉语，则是如下情况。"可以被言辞表达的'道'，便不是永恒之道；可以被命名的'名'，便不是永恒之名。没有名字的存在，是天和地的本源；有名字的存在，才是万物的本源。因为这个名字，那些一向被豁免了欲望的（主体），才能看到它的精神实质；那些沉迷于欲望的（主体），看到的是有限形态的、不完美的'道'。这两种原理，有同一个本源，然而却得到了不同的命名。他们被称为两种玄秘的事物，（即）双重神秘的事物（玄之又玄）。这是所有精神性事物、所有神秘教义的门径。"

首句"道可道，非常道"，值得我们深入分析。在耶鲁本里，第一、三个"道"字，是名词，被译为"way"，即"道路"之意，而第二个"道"字，是动词，被译为"express"，即"表达"之意，故而整句是，"可以被言辞表达的'道'，便不是永恒之道"。在这里，我们知道，"道"的译法有三种，或作名词的"道路""方法"（way），或作动词的"表达""道出"（express），也有直接音译为"Tau""Tao"则保留了不译、难译之义。

在这里，耶鲁本的译法与儒莲本保持了一致，而湛约翰本则将名词"道"保留不译，或者是将其译为"reason"（理性、理智）。湛氏认为："way"较为接近原义，但是最好还是不译，或译为"Tau"最佳。与此相似，耶鲁本将"道"译为"Taou"或"Way"。在接近"道路"或"方法"的意思时，他往往直接用"way"，而在无法译出的地方，则用"Taou"，以表明此词有名实两分。湛约翰翻译首句为，"The Tau（reason）which can be Tau-ed（reasoned）is not the Eternal Tau（Reason）"。他的理由是，"道"之一字，而道家和道教密切相关，一旦翻译了，则与这两者及其教义相互脱节。这可能会给外国人理解它们带来许多困难，这是它的不可翻译性。

然而，它也还有可翻译的一面，即"道"之一字，可以有三种译法，分别是"Way"（方法/道路）、"Reason"（理智/理性）和"the Word"（言辞/上帝之言）。儒莲选择第一种，将名词和动词的"道"都一致译为法语词"Voie"，耶鲁本因循之，转译为英语词"Way"。儒莲的竞争者鲍狄埃则选择了第二种，多数时候是将"道"译为拉丁语"Ratio"（reason）。这种译法，其来有自。早在1678年，柏应理（Philippe Couplet，1623—1693）在巴黎出版的《中国哲学家孔子》一书中，便用拉丁语向欧洲人介绍了《道德经》，并译了第四十二章"道生一，一生二，二生三，三生万物"的一段。"柏应理将'道'译为拉丁文的'ratio'。在他看来，这段话证明老子已有'原始的至高之神'的概念，但这还并非对基督教'上帝'的认识……"[①] 这应该是首次将"道"译为"ratio"（理性），首次将其与基督教的"上帝"作了对比。此后，清初来华的耶稣会士傅圣泽，在1729年译有拉丁文和法文合译本《道德经》，也将"道"译为"ratio"。傅圣泽还曾撰文论述这样的观点："道"系指基督教最高的神——造物主上帝。[②] 另一位清初来华的耶稣会士卫方济也将"理学"的"理"字，同样译为拉丁语"ratio"。这"并非纯粹直译，Ratio是希腊文逻各斯的翻译，在柏拉图及斯多噶派哲学中，具有'神性'的含义，为人神所共有，并以此区别人禽"[③]。傅圣泽和卫方济的《道德经》翻译，皆隶属于索隐派传统。可见，《道德经》拉丁语、法语翻译的情况，自柏应理至傅圣泽、卫方济，再到雷缪沙，是一个完整的体系。

鲍狄埃将第一章标题"体道"译为拉丁语"Substantialis ratio"（理性的实质），又另给出了一个法语标题"Du Tao ou Principe Suprême"，即"道与最高的原则"。鲍氏所用的"最高原则"，则第一章首句里，则变成了"Le Principle éternel, immuable, de la Raison Supreme"，即"永恒的原

---

① 谭渊：《"道"与"上帝"——〈道德经〉翻译与传播中基督教神学的介入》，黄勇民主编《翻译教学与研究》（第1辑），复旦大学出版社2010年版，第51—59页。

② 同上书，第53页。

③ 黄正谦：《论耶稣会士卫方济的拉丁文〈孟子〉翻译》，《中国文化研究所学报》2013年7月第57期，第163页。

则，不变的、最高的理性"。① 在这里，理性/理智，是永恒不变的，是
"最高的原则"。这种译法，与18世纪以降的康德式哲学家的理性主义精
神，也较为相符。在康德哲学那里，是理性而非宗教，才是道德的基础。
湛约翰则与鲍氏一样，译为"理性"。巧合的是，宋明儒学将"道学"也
称为"理学"，其原因在于"道"一词指向某种含混不清的"最高原
则"、万物之源和唯一而永恒的存在。

　　"道"的第三种译法"言"，在基督教的《圣经》里我们可以找到对
应的用法。《新约·约翰福音》首两句便是："太初有道，道与神同在，
道就是神。这道太初与神同在。"（中文和合本）[詹姆士王钦定版《圣
经·约翰福音》（KJV，John，1.1－2）句有："In the beginning was the
Word, and the Word was with God, and the Word was God. The same was in
the beginning with God. "]②

　　湛约翰认为第三种译法"the Word"（言），最接近于西方哲学中的
"逻各斯"（logos）。这种对应现象，在中文语境中，也有相似的案例。
"叔本华曾引用西塞罗的话说：'逻各斯'这个希腊词既有理性（ratio）
的意思，又有言说（oratio）的意思。"③ 据张隆溪先生的考察，"逻各斯"
一词具有二重性，既是"内在的思想"（ratio），也是"内在的思想借以
表达的东西"（oratio）。"在这个了不起的词（logos）中，思想与言说从
字面上融成了一体。意味深长的是，'道'这个汉字也同样再现了最重要
的哲学思想，它也同样在一个词里包含了思想与言说的二重性。"④ 正因
为这样，张隆溪先生认为："在《老子》这本哲学著作里，'道'有两个
不同思想：'思'与'言'。"⑤ 由此，便突显"道"与"逻各斯"的某种
相似性和可比较性。这也就难怪19世纪的汉学家为何要将"道"译为

---

　　① 鲍狄埃将第一句译为："La voie droite qui peut être suivie dans les actions de la vie n'est pas
le Principle éternel, immuable, de la Raison Supreme. " 在这里，他将名词"道"，还是译为
"Voie"，对应是的他的拉丁语译名"Via"。然而，如上文提及的，最重要的还是第三个"道"
字，名词"道"，鲍氏译为拉丁语"immutabilis rationalis－Via"（immutable rational－Way）和法
语"immuable, de la Raison Supreme"。Par G. Pauthier, *Tao－Te－King*, Paris：F. Didot, Leip-
zig. 1838, pp. 6－7.

　　② *The Holy Bible*, *King James Version*, New York, N. Y.：Barnes & Noble, Inc., 2012,
p. 1134. John 1：1, 1：2.

　　③ 张隆溪：《道与逻各斯》，冯川译，四川人民出版社1998年版，第72页。

　　④ 同上。

　　⑤ 同上书，第73页。

"logos" 和 "Ration"。

在耶鲁本第一章译文里，首句被译成："The way that can be expressed by the Word is not the eternal way."（道可道，非常道。）在这一句里，第一、三个"道"（名词），被译成"way"（道路），第二个"道"（动词）被译成"expressed by Word"（用言辞表达）。第三个"道"是永恒之道，是最高的原则、是不能被命名和定性的真理，是"ratio"（理/理性）；而相对而言第一个"道"则是被言辞表达出来的"道"，是会变化的，因而流于第二等级。而"the Word"的用法，显然是征用了《圣经·约翰福音》开篇一句的词汇："太初有道，道与神同在，道就是神。"用"Way"字既有"方法"和"道路"两义，是与原初意义上的"道"所具的两义最为符合。比起音译"Tau"一词而言，一般读者可能较易阅读（误读）和接受"Way"这个词。

因为"道"是内在而超越的，无法被语言命名，无法被言语道出的一个奇特的存在，所以这个万物的源头（"众妙之门"），只能称之为"玄之又玄"。这个意义上，它如同是一个最高理念，与自然神学里的"上帝"非常接近。正如，湛约翰指出，"老子的最高理念——这个相当于'神'或者'绝对'的位置——在其第一章中藉'永恒之道'（eternal Tau）而得到阐释。他试图描出这样的理念：存在与不存在有某种同一性（sameness）——玄之又玄（the abyss of abysses）或'the gate of all mystery'（所有神秘的事物之门）。"①

"玄之又玄，众妙之门"，耶鲁本的英译文是："This is the door of all spiritual things, of all mysterious doctrine."即这是所有精神性事物、所有神秘教义的门径。至于，经此进入"玄之又玄"之门，能看到什么，老子并没有告诉我们。因为那是言辞不能解释的存在。值得注意的是，这里的"spiritual things"，让有基督教教育背景的人，自然而然地会联系到"圣灵"或与之相关的种种事迹。湛约翰说："当老子提到我们理念中的'造物主'时，多数时候仍是称其为'道'，然而也再现为其最喜爱的形象'一个母亲'。这种关于存在的理念，最为明显。"

所谓的"母亲"，在《道德经》的第六章和第二十五章等章节中，得

---

① Chalmers, John, *The Speculations on Metaphysics, Polity, and Morality of "the Old Philosopher", Lau - tsze.* London: Trubner & Co., 60, Paternoster Row, 1868, p. xii.

到了非常清楚的解释。第一章的"众妙之门"到了第六章则变成了"玄牝之门",而湛约翰所说的老子用到的"母亲"之喻,指向的正是这个"玄牝",在湛氏那里被译为"Abyss – Mother",而在耶鲁本则是直译为"Mysterious Female"。耶鲁本"The spirit of the valley dies not. It is called the mysterious female"(谷神不死,是谓玄牝)。在陈鼓应先生的解释里,"谷神不死"一句的解释是:"虚空的变化是永不停竭的,这就是微妙的母性。"① 这里的"谷"是"虚空",而"神"则是"不测的变化",而非如湛氏所译的"玄母"或耶鲁本的"神秘的雌性",后两者都是将"不测的变化"当成了人格化的"神明"。《道德经》中的类似概念,也正如前面论述到的"永恒之道"一样,深不可测、妙不可解。

然而,两个英译本的类似误读在其他地方也可以看到。正如第二十五章中:"有物混成,先天地生。寂兮寥兮,独立而不改,周行而不殆。可以为天下母。"耶鲁本译为:"The Taou is indescribable, he existed before the Heaven and the Earth. O, he is calm! O, he is immaterial! He subsists a-lone, he changes not. He is in all places; he is never exposed to danger. He may be regarded as the mother of the universe." 这个不可命名、无法描绘的"道",被呈现出来,当成"宇宙的母亲"(由"玄母"至"神秘的雌性",到这里则演变成"宇宙的母亲",即"天地万物的根源")。这一句,笔者再译回现代汉语则是:"'道'是无法被描述的,在有天地之前他便已存在。啊,他是冷静的!啊,他是无形质的!他独立长存,他永不更改。他无处不在。他从不会暴露于危险。他可能会被认作是宇宙之母。"这种无处不在的存在物,正如基督教意义上的无处不在的、无所不能的"上帝"。这个概念,特别符合欧洲斯宾诺莎以降理性主义哲学家们所论述的"理性神学"。在斯宾诺莎那里,上帝无处不在,上帝与宇宙是同一回事。在耶鲁英译的译者那里,这无处不在的上帝,却有一个源头,即是"玄母",即是"道",天地宇宙间的大母亲。在第二十五章的结尾,"人法地,地法天,天法道,道法自然"。这一句极为著名,被道教学者一再地称引。耶鲁本英译则变成:"Man imitates the Earth; the Earth imitates Heaven; the Heaven imitates the Taou; the Taou imitates his own nature." "人效法于地,地效法于天,天效法于道,(而)道效法于其自身的本

---

① 陈鼓应:《老子注释及评介》,中华书局1984年版,第181页。

性。"这是一种递进的结构，而最本源的本源，是内在超越而自足的，即只有"道"。这种内在越超性，使"道"具备了一种超乎寻常的宗教性。在这种递进结构之中，这些两两对应的词汇，是以后者为主要参照物。

湛约翰曾经不无遗憾地说："多数读者可能会想，如果老子在这种'真理'之上，再放置一个个人化的'上帝'作为最高的存在，而不是将一个无限的、非个人的、无意识的'道'放置在'上帝'之前或之上，这样可能会更好。"① 湛约翰的观察完全正确，但是结论却完全错误。老子的"天法道"一句，是将"道"置于"天"（上帝）之上，破除了鬼神、破除了基督教式的"天"/上帝崇拜；而"道法自然"，则强调了个人的"内在自然"具备的某种内在超越性。这是中国传统人文思想里，最重要的一个面向。从这方面讲，"道"高于"上帝"的判断是正确的，而湛约翰的建议，则多少显得有点一厢情愿。

《道德经》中这种泛神化的理性主义，无疑是将精神和特质合而为一，不作区分。这种观念，在湛约翰那里，有如下的评论。"在老子的思想里，他并没有那种区别于物质（matter）的'精神'（圣灵）的概念。那些熟悉形而上学历史的人可能会感到惊讶，连约翰·弥尔顿——我们伟大的基督教诗人，也不懂得'精神'的确切实质。然而这也正可说明问题。天使和我们的灵魂，都是由上帝用同样的东西制造，也用同样的东西滋育。"② 湛约翰引用了弥尔顿的诗作为解释。"And from these corporal nutriments perhaps, Your bodies may at least turn all to spirit."（*Paradise Lost*, V. 496）③（或许正是从这些肉体的滋养中，你们的身体可能至少都能变成精神的。）也即是说，老子的"道"具备某种他自己都不觉察的自然神性。湛约翰认为万物具某种自然神性，都是源于上帝的创造，足见上帝之伟大。在这里，湛约翰带有某种"圣经东方主义"的解读，即将其他异教的学术和思想的成就，都当成是上帝的启示或圣灵的显现。他说："我不敢确定我是否偶然悟到了正确的解释。但是对我而言，这里已包含了一种解读，即：老子的'道'、'无'和'玄母'——天和地的源头，即是一种'灵'（Spirit）。"然而这种"灵性"，可能并非基督教的"圣灵"。

① Chalmers, John, *The Speculations on Metaphysics, Polity, and Morality of "the Old Philosopher", Lau–tsze*. London: Trubner & Co., 60, Paternoster Row, 1868, p. xv.

② Ibid., p. xiii.

③ Ibid., p. xv.

这一点，我们在耶鲁本上，没有看到任何或明或暗的解释指向。即是说，综观耶鲁本全文，我们并没有看到译文的基督教色彩、译者的基督教倾向。作为一位传教士译者，他是如何做到的呢？可能是儒莲的科学性翻译，带来的直接的或间接的影响。

湛约翰则仍有宗教性倾向，这一点看，湛约翰有不及耶鲁本译者之处。湛约翰说："然而，事实是老子的形而上学往往远远地偏离了真理或常识。……老子是一个诗化的、非科学的自然的观察者。"① 我们在耶鲁本看到的情况是，译者并没有做过多的解释——既非将其收编进基督教的学术体系当中，也非将其解释为外在的"诗化的、非科学的"理论者。比如在第一章里，我们虽然可以看到了译者用"spirit"的概念，但却是将其神秘化看待的。即老子所说，不大可解，只有勉强地尽量地呈现出其原来的面貌。即使是他使用了"mysterious female"（玄秘的雌性）、"mysterious doctrine"（玄秘的教义）、"all spiritual things"（所有精神性的事物）等词汇，但是这些材料，并没有非常确切地指向宗教的内容。

三　论"德"——政治治理原则（polity）与"道"和"德"的关系

《道德经》中的"道"，有时是指一种世界运行的自然法则/规律，有时则更具针对性，是指国家社会的统治术。前文已提及，"道"的具体化方面，则显现为"德"。如果说"道"作为自然规律一义较为抽象的话，"德"则稍为具象一点，甚至说在政治生活和管理国家中，有一定的效用。

遍查耶鲁英译稿中所用的各章节的科判，有如下几章与"德"字相关，分别是：《重德第二十六》《圣德章第三十二》《辨德章第三十三》《仁德章第三十五》《论德章第三十八》《洪德章第四十五》《任德章第四十九》《养德章第五十一》《玄德章第五十六》《谦德章第六十一》和《淳德章第六十五》。其中，《论德章第三十八》和《养德章第五十一》，对于"德"的具体分类和如何修养有较为具体的论述，颇为重要。

①　Chalmers, John, *The Speculations on Metaphysics, Polity, and Morality of "the Old Philosopher", Lau-tsze*. London：Trubner & Co., 60, Paternoster Row, 1868, p. xv.

《道德经》中的"德"并非完全等同于英语的"virtue"一词，虽然两者在形容或定性关于社会的共同准则、规范方面的内容时，有时可能会有相似、相近的意思。然而，《道德经》中的"德"，有时意思是"性质"（nature），有时是品质（quality）或状态（state），并非完全指向于"美德"或者"德行"。老子的"德"之一词，是指"道"在不同事物上面的具体显现，是其展现出的性质，而非都是指"完美的标准"（有时也是）。但是，几个英译本在一般情况下，都将其直接译为"Virtue"，故而有些地方读来，殊不可解。《重德章第二十六》《圣德章第三十二》《辨德章第三十三》《仁德章第三十五》《洪德章第四十五》《任德章第四十九》《玄德章第五十六》和《谦德章第六十一》等章节，题目虽然有"德"字，但内容却是论述"德"的具体内容。

前文已提及，"道"为形上，"德"为其形而下之显现。两者一体两面。《帛书老子》是以《德经》为上卷，而《道经》为下卷，似乎更强调了《德经》的重要性。① 经文之中，论述到"德"时，往往不能绕过"道"。"道"之至高、至深的层面，是为"玄之又玄""玄母"。"德"的至高层面则有"玄德"。因为"道"本是不可界定，"玄德"也就同样不可界定，只能在不同的面向去作用于社会人生之后，再显现出来。借用宋代理学家的话说，则是"理一分殊"。"道"即"理"，而"理"的源头为一，在社会的和人生的实践之时，却分殊为不同种类的"德"。然而，显现出来的"道"或其世俗性的伦理性的"德"，皆非最高的"道"或"德"本身。

《虚心章第二十一》，"孔德之容，惟道是从"句，"容"字往往解作"运作、样态"，王弼、高明皆将"容"解为"动"，王弼说"动作从道"，高明说"言大德者之动，惟从乎道也"。② 然而，耶鲁本将"容"译成"forms"（形式/外状），整句译为："The visible forms of the great Virtue emanates only from the Toau."（大"德"可察觉到的种种形式，皆仅从"道"产生）。种种"形式/forms"是动作变化过程中呈现出的状态。这里强调的是"道"为源头，而大"德"的种种形式，都是从"道"衍化出来的。这种解释与王弼等人的解释不同。王氏从训诂出发将"容"

---

① 高明：《帛书老子校注》，中华书局1996年版。
② 陈鼓应：《老子注释及评介》，中华书局1984年版，第145页。

解为"容"、解为"动",与耶鲁本将其译为"形式""形状",一为动作/行为,一为状态,实有不同。王弼注本还将"孔"字释为"空""虚无""无为",以及"凡有起于虚,动起于静,故万物虽并作,卒复归于虚静,是物之极笃也"。① 耶鲁本的译文,正好对应了"有起于虚"一句,即,有形的具象的"德"皆是从"虚"(道体为虚)产生。"动起于静",则正好类似于王弼的解释,将"容"释为"动",而将"孔"释为"空",其极则乃无为虚静。

前文已论述"道"与"玄"的关系,此处也需要解释"德"与"玄"之关系。《道德经》中的"德"与"玄学"(形而上学)紧密相关,甚至在经文之中,便有"玄德"一词。《淳德章第六十五》有:"常知楷式,是谓玄德。玄德深矣,远矣,与物反矣,然后乃至大顺。"耶鲁本的译文是:"To know how to be the model of the Empire, is to be endowed with celestial virtue. This celestial virtue is deep and mysterious and opposed to creatures, to worldly wisdom. By this one succeeds in procuring a general peace."(知道如何成为国家的榜样,则是有天的美德。天的美德,深邃而神秘,与生物、与俗世的智慧相反。通过它,人们才能获得普遍的和平。)这里"玄德"被译为"天德"(Celestial Virtue),稍有差异。译者在这个稿中,往往将"玄"翻译为"Mysterious",而不译为"Celestial",此处之所以与"天"挂上钩,可能是因为与帝国的天命(政治合法性的来源)密切相关。这位译者往往将"天下"或指称中国的词,译为"Empire"(帝国)。这显然是来自欧洲人将清代中国定义为帝国的观念。这一段前面的内容是讲如何"治国",所以这里译者补全了句子。"玄德"的性质是:深、远,与物相反。在这里译者将"天德"的属性界定为:"深邃而神秘,与生物的和世俗的智慧相反。"而这种"玄德""天德",统治者若能依其为榜样来治理国家,则天下能够大顺,人们便能获得普遍的和平。在《能为章第十》中,也论及"玄德"如是:"生而不有,为而不恃,长而不宰,是谓玄德。"在这里,译者将其翻译为"a mysterious virtue"(一种玄秘的德行)。

孔子曾数次问学于老子——即老子应该年长于孔子,然而《道德经》的产生年代历来有较多争论。笔者赞同《道德经》在先秦诸子中属晚出

① (魏)王弼注,楼宇烈校释:《老子道德经校释》,中华书局2008年版,第66页。

之作。因为有许多章句明显攻驳（或回应）了当时的其他思想流派的主要观点，尤其是儒家的伦理观念。因此，《道德经》的"道"和"德"的论述，有时玄乎不可识，然而每一个"德纲德目"的具体内容，实际上指向了政治伦理和社会秩序的某些方面。《道德经》攻驳的最主要对象，当然是儒家的诸种德目，如仁、义、礼等内容。这方面，我们在《论德章第三十八》可以看到非常详细的内容。《论德章第三十八》中有句"上德不德"，即上德之人不自恃有德，故而有德。英译是："Men of superior virtue are ignorant of their virtue. This is why they have virtue." 相应的，"superior Virtue"的译法在《同异章第四十一》也有例子，这一章的"上德若谷"译为"The man of superior virtue is like a valley"。这里的"valley"指向最神秘的东西，即第六章中所论的"玄牝"，"谷神不死，是谓玄牝。"（译文为："The spirit of the valley dies not. It is called the mysterious female."）这一句明显也与形而上学紧密相关。再者，在《易性章第八》中"上善若水"一句，本来没有"德"字，被译成"The man of superior virtue is like water"，因为下文描述的正是"水德"的各种状况。这种原文没有"德"字，而被译者翻译出"virtue"的地方，应该是译者参阅了诸多解释或加入了自己的理解，以"virtue"一词来解释"道"的诸种具体展现。同样的情况，还有不少，如《任契章第七十九》中"安可以为善？"根据句义，译者创造性地译为"How can they become virtues？"（他们如何变成有德之人？）在这里，"善"与"德"，变成可以转换的同义词。

在《论德章第三十八》里，老子论述了如何对待"德"的态度，同时用"故失道而后德，失德而后仁，失仁而后义，失义而后礼。夫礼者，忠信之薄，而乱之首也"等句，驳斥了儒家的基本德目。耶鲁本英译为，"For this reason, one has something of virtue after having lost the Taou, and of humanity after having lost virtue; of equity after having lost humanity. Urbanity is only the outside of truth and sincerity. It is the source of disorder." ［正因为这样，人民失去了"道"之后，才有了"德"，失去了"德"之后，才有了"仁"，失去了"仁"，才有了"义"。"礼"只是在真理和诚信之外围。这是失序（祸乱）的开始］在这里，几个德目的序列是：道、德、仁、义、礼、忠、信。这里的"道"字被音译为"Taou"；"仁"在本书有时被译为"benevolence"，在这里则译为"humanity"；"义"译为"平等"（equality）；"礼"译为"文雅"（urbanity）；"忠信"则译为"truth and sincerity"。这些词汇的中英文语义，并非一一对等，有其语境化处理的策略。重要的是，这里，我们看到老子政治哲学的基本范畴与儒家的德行标准比较，有哪些独特之处。老子高悬不可解释之"道"，而又以"德"作为其具体的化身，这两者都在儒家的德行标准之上，而且老子的"道"和"德"的概念，要比儒家的德目，更具超越性，有着更高的原则。

《养德章第五十一》有重复地论述"道生之，德畜之"之语，耶鲁本英译为："The Taou produces beings; virtue nourishes them."（"道"生成万物，而"德"化育他们。）又，"故道生之，德畜之。长之育之，成之熟之，养之覆之"。则译为"For this reason the Taou produces beings, nourishes them, make them increase, prefect them, ripens them, feeds them, protects them"。（因此，"道"生成万物、化育万物，使他们增长、完美、成熟，并抚育和保护他们）这两句原文历来有争议。第二句的"故道生之，德畜之"，前人认为"德"字是因循前句而误植。[①] 很明显，第二句的译文，没有像第一句那样译出"德"字。可知译者也参照了前人的研究成果。这一章的最后一句，正是解释"道"的上述行为，表现了他生长万物而不据为己有的种种"玄德"（最高深的最神秘的德行）。

四　"无为"的译法

湛约翰英译的题名为《老子，"老学"关于玄学、政治治理原则和道德律的思考》（*The Speculations of Metaphysics, Polity, and Morality, of the "The Old Philosopher", "Lau - tsze"*）。然而，在湛氏译本序言中，他的讨论主要集中在"形而上学"一面，虽然其标题提及"政治治理原则"和"道德"，但是并没有更多的论述。在这里，他隐含了一个命题，即《道德经》道德和政治治理原则之间存在极为密切的关系。这固然是一方面，因为《道德经》的章句中，当"道"作用于治国时，则要求统治者具备超乎寻常的美德，即循着自然的规律，不妄作非为地治理国家。下文我们

---

① "'德'字不当有，此涉上句'道'字联想而衍也。"历来各家的讨论，见郑良树《老子新论》，上海古籍出版社 2011 年版，第 194—196 页。

就暂借湛氏的视角，来看待这个耶鲁译本所翻译的关于"道"或"德"与政治哲学方面的内容。

老子的哲学中，"无为"可谓是最重要的概念之一。"无为"，即不妄作非为、不妄动，有时也作"不争"。"无为"不仅触及道体，而且能体现出他的政治哲学论述。在耶鲁本里，"无为"这一概念，在不同的语境里有不同的译法。

儒莲在不少地方将"无为"译为"non‑agir"，湛译本译为"inaction"/"inactive"，而耶鲁本有些地方照抄儒莲本的法语译法"non‑agir"，也有时译为"nonentity""move not"或"never move"，甚至将其等同于"non‑existence"（不存在）。例如：（1）《养身章第二》有句："是以圣人处无为之事，行不言之教。"耶鲁本译为："From whence, it comes that the holy man makes it his occupation 'not to move'. He makes his instructions consist in silence."（正因为这样，圣人的职责，便是"无为"。他实行的教诲，在于"缄默无言"。）这里的"no to move"（不轻举妄动）的译法，正好呼应了这一章下文"万物作焉而不辞"（"Then all beings put themselves in movement and he refuses them nothing."万物置身于运动之中，他也从不拒绝他们）的"作"（put…in movement）字的译法。因而，原文中"无为"的"为"字可以解为"作/作为/举动"等内容时，多数时被译为"move/movement"。（2）《为政章第三十七》有句，"道常无为而无不为"，湛约翰译本为："Tau is ever inactive; and yet leaves nothing undone."①而耶鲁本的"无为"不是湛氏所译的"inactive"，而是译为"never moves"，整句则译为："The Taou never moves, yet when is nothing that he cannot do."["道"永恒"无为"（不妄动），然而没有什么是它做不了。]（3）而《守微章第六十四》有句："是以圣人无为故无败……"便译为："From whence, it comes the sage moves not, hence he falls not."（因此，圣人不妄动，故而不败）

儒莲法语本将"无为"译为法语词"non‑agir"，耶鲁英译本有时直接衍用此词，不再另译成英语。（1）《安民章第三》有句："为无为，则无不治矣。"耶鲁本英译为："He practices the 'non‑agir' and then there

---

① Chalmers, John, *The Speculations on Metaphysics, Polity, and Morality of "the Old Philosopher", Lau‑tsze*. London: Trubner & Co., 60, Paternoster Row, 1868, p. 28.

is nothing he cannot well govern."（他践行"无为"，这样便没有什么事物是他无法统治的。）在这里，"non – agir"一词，意即"无为"，衍用的是儒莲法语译本的用语。此句译为："Il pratique le *non – agir*, et alors il n'y a rien qui ne soit bien gouverné."① 耶鲁本英译文行文中，"无为"多数时译为"non – agir"，也有其他类似的译法。比如"practice non – agir""practice no move""practice nonentity"等词组，反复出现，意思却大概相同，无外是"践行无为"之意。（2）又如《能为章第十》有句："爱民治国，能无为。"耶鲁本英译为："If he cherishes the people and procures peace in the kingdom, he will be able to practice the 'non – agir'."（假如他在国中能够珍爱人民并赢得和平，他便能够践行"无为"。）这一句可倒过来看，即君王若能够践行无为，方是懂得爱民治国之道。

　　与前面提及的情况相似，耶鲁本英译文有时会加上一些原经文没有内容，尤其是补足了省略的关键词汇或句义，加入译者自己的理解。例如：（1）《虚无章第二十三》首句："希言，自然。"耶鲁本英译为："He who never speaks will（arrive）at non – entity（'non – agir'）."［从来不言（教令）者，会（达到）"无为"（的境界）。］这是因为下文的论述是关于统治者的政治原则和统治智慧的讨论，所以这里的"自然"不仅是指向个人自然状态，而应指向统治之道，在于"道法自然"，在于"无为而治"。如此解释，我们才能明白为何耶鲁本要如此翻译。这里，"希言"的主语是执政者，"言"应是指很少发号施令、不轻举妄动，即"non – agir"——无为的状态。（2）又比如，《俭武章第三十》有句："以道佐人主者，不以兵强天下。"在这里，耶鲁本译为："The master of man ought to practice nonentity, but ordinarily they who aid him（his minister）give themselves up to action and subjugate the empire by arms."［人民的主人，应当践行"无为"，但是一般情况下，辅助他的人（他的宰相）却轻举妄动，用兵力逞强于天下。］原经文"以道佐人主者"，其中"道"字，法译本作"Taou"，其章后注释又作"non – agir"（无为），耶鲁本则直接译为"practice nonentity"（践行无为）一词。同是这一句子，湛约翰译为："He who in the use of Tau renders assistance to a human ruler, does not use

---

① Julien, Stanislas, *Le Livre de la Voie et de la Vertu*. Paris: A L'imprimerie Royale, 1842, p. 12, notes 7, pp. 14 – 15.

weapons to force the people."［用"道"去辅助一个"人主"（人类的领袖）的人，不会用武力去强迫人民。]① 这一句的英译与耶鲁本也不一样。湛约翰贴近原经文内容而翻译，耶鲁本却反用其义来翻译，而且其意思也相当顺畅，并且还加深了一层。这里，耶鲁本特别强调了"人主"应当践行"无为"而谋士往往失之于轻举妄动。（3）《去用章第四十》有句："反者道之动，弱者道之用。天下之物生于有，有生于无。"这一句的英译为："When all beings return to 'non – entity', the Taou gives them a vital movement. Feebleness is a function of the Taou (or he constantly makes use of feebleness). All beings in the world are born of the being (The Taou being is born of not being). Among all the beings of the universe, there is none, but must return to 'non – existence' in order to exit a new."［当万物回归到"无为"（无实体），"道"便给予他们至关重要的动力。柔弱，才是"道"的作用（或，他经常利用柔弱）。天下万物，皆生于"那个存在"（道的存在，生于不存在。即"无"）。宇宙的万物中，有一个"无"，但是为了产生新的（"有"），必须先回归到"不存在"（"无"/无实体）。]汉语短短几句，却被如此详细地翻译成英语。这里的译文，"反"作"返"义，即循环往复，回归道之纯朴状态。

简言之，这部分我们的讨论立足于耶鲁本的翻译情况，所采用的方法是对比儒莲本和湛约翰译本，主要围绕着"道""德"和"无为"三个方面进行讨论。耶鲁英译稿袭衍了儒莲法译本的"科学性"，然而去除儒莲本极具学术性的大量注释，也没有如湛译本那样处处暗含与基督教教义对比的意图。耶鲁本与湛译本同为英译本，行文都较为简洁，但耶鲁本的某些章节可能要较湛译本更客观（要视具体情况对比再论）。这些都可以在我们讨论"译玄"（翻译形而上学的"道"）时，得到印证。上文的后两部分，关于"德"和"无为"的翻译，我们应当一起对照看待。在老子的教义里，君王的"无为"，便是"有德"。"德"是"道"的性质在不同事物上的呈现，而"无为"特别具体地针对了某一种政治伦理，这些翻译最终的指向皆是不可命名的"道"。我们甚至看到，"道""德"和"无为"这三个词在某些段落中，是可以相互置换的。耶鲁本的译文，

---

① Chalmers, John, *The Speculations on Metaphysics, Polity, and Morality of " the Old Philosopher", Lau – tsze.* London：Trubner & Co. , 60, Paternoster Row, 1868, pp. 22 – 23.

也有这种尝试。

五　总结

至此，对本书上下两篇作一个简要的总结。本书讨论的是《道德经》的最早英译版本。该版本是由某位在华的新教传教士于 1859 年译成，现藏于耶鲁大学图书馆古籍处。笔者抄录出原来的手稿，偶有错误处便做了订正，漏译处也代拟了英译，对一些有争议的译文也作了笺注。此后，笔者又将这个英译本，以现代汉语返译。由此本书具有三重文本：《道德经》原文章句、耶鲁本英译和现代汉语返译。

现今学界认为最早的英译《道德经》，是 1868 年由苏格兰来华传教士湛约翰翻译完成，而新发现的完成于 1859 年的耶鲁本，则比湛译本要早。然而，两者有一点联系。即湛译本参考了法国汉学家儒莲的法语译本。耶鲁本则是再译自儒莲本。故而三个版本，有了比较的可能。儒莲的同门鲍狄埃也有一个拉丁语和法语双语译本，他们共同参照了他们的老师雷缪沙的法语译本。然而，师兄弟两人却成了仇家。两人的相互攻驳，引来了德国诗人海涅嘲笑。雷缪沙译本的影响源头，则是耶稣会传教士的翻译手稿。但是，自儒莲本为截，前面的耶稣会士至雷缪沙的翻译，几乎是一种"圣经东方主义"式的阐释。

总之，本书意在强调耶鲁本的重要性和特色所在。上文分两大部分。上半部分又可分为两个部分。（1）第一部分讨论这个手稿的来源，并将所涉的相关人物，放在一个文化的、社交的网络中去看待。该稿收藏于卫三畏家族档案中，原来是由圣公会学校的一位学生为裨治文所誊抄。裨治文是首位由美国来华的新教传教士。卫三畏则是其助手，后来成为耶鲁大学的首任汉学教授。笔者调查后发现，卫三畏于 1845 年在巴黎访问了儒莲，后者希望得到裨治文的出版物，并承诺以自己的作品作交换。通过这种途径，裨治文和卫三畏获得了儒莲法译《道德经》。在这个交往网络之中，还有与儒莲交往的传教士助手王韬和蒋敦复，与王韬交往的湛约翰等人。传教士文献往往是合作的产物，笔者认为译者很有可能是裨治文和他的学生（或者至少是他们极为熟悉的人物），甚至有可能梁发之子梁进德也参与其中。（2）第二部分讨论在耶鲁本之前的《道德经》的翻译简史，并将其定义为"圣经东方主义"式的学术。此处的讨论放在耶稣会士的翻译如何影响到雷缪沙，以至后者将《道德经》的经文与圣经学术杂糅在一起，形成了一种《圣经》正典的世俗化再现和阐释。儒莲的法译，则是受邀于洪堡而作，因而有其科学化的倾向。正因于此，儒莲的翻译与其师完全不同，既忠实地译出经文，还附加了十几个版本的注释译文，学术性非常之强。儒莲的科学性，也影响了耶鲁本和湛译本。本书的下半部分，笔者在对比儒莲本、湛译本和耶鲁本的基础上，讨论耶鲁本翻译的三个方面，分别是："道"与形而上学的翻译、"德"与政治统治相关内容的翻译，最后是"无为"的几种译法。然而，无论是湛译本还是耶鲁本，因为都只是翻译出本文，难免会将经文中有些含糊或两可意义的地方，归约成为一种，因而失去了一些更复杂多面的意义。另一方面，英译本也剥离了《道德经》写作时的复杂的历史语境，如攻驳儒家政治伦理。换言之，即仅是读这个英译本的读者，可能难以觉察到其文本背后的种种理念、社会关怀和政治思想。这也是为何传教士译者如湛约翰，会抨击老子的思想是违反基本的常识、缺乏规范，这可能是因为英译本脱离其存在的社会文化语境，变成了一个孤立的文本，所以给中文圈外的读者一个错误的印象，即这是一个孤立的文本，其义殊不可解，而不可解处可能冥冥无意中指向了无可名状的最高理念。误读无处不在，但是仍有其意义在。

相信现今的读者，必会参照其他翻译和中文笺释本，一起来理解《道德经》中所寓的"真实的意涵"。经历后现代理论洗礼的当代读者，可能不会相信我们可以靠近"真实的意涵"，但是至少在下面这层意义上译本有贡献所在。即是说，当一个文本流通至其母语语境之外，其产生的意义能够贡献给我们的是多一种理解原文本的可能。再加上，文本生产的参与者、文化网络或文化场域等方面的元素，也让我们对翻译文本的生产、译文的状况和历史意义，有更多的启发。

余不一一赘述，即此收笔。敬请读者，不吝寄来批评。

《道德经》英译译文

凡　例

1. 原手稿的排版形式是左边页面为英译译文，右边页面则是以竖排汉文抄写的《道德经》原典章句。本书现按现代汉文阅读习惯作了相应调整，依次为汉文原典、英文译稿、笔者的现代汉文翻译，全部横排排版。

2. 原手稿的汉文部分，有些章节并不按《道德经》原来顺序抄写（时有错乱处），有时也并不与左边页面的英文译稿相对应。现按章节顺序，作了相应的调整。

3. 原手稿中英译译文，或句序有误，或以注释误植为内文之处，皆按原稿排列，不作订正，必要时会在本页出脚注，以作详细说明。原手稿有明显语法错误处（如人称、单复数一致等情况），整理者已据文义径改，不另作说明。

4. 符号"※※※"，表明耶鲁本英译原手稿中此处有一句缺漏，没有译出。此符号后的括号内，则为整理者根据上下文的句式、句义或法译本译文而补译的句子。

5. 原手稿中汉文原文、英文译文凡有异议处，则参校其他汉文版本和儒莲法语译本，于本页脚注作简要说明。

6. 本书的现代汉语译文由整理者译成，翻译原则上是以英文译稿为母本，以儒莲法译本为第二母本，以《道德经》汉文原文为重要的参考。并非相反。是故，大多数章节，采取直译的方式；尽量保持与英译稿所包含的意思一致，不可解处则也参照儒莲法译本。凡是英译稿与儒莲本和《道德经》原文有异议之处，则会于本页脚注一一注出，并列上参校材料以作说明。但是，并不以《道德经》原文为标准而擅加改动。

7. "道"这个词，英语译本中凡用作代词或宾格时，往往被译为"it"或"he/him"，甚至同一段落中有时也混搭使用，现代汉语返译本则全部译为"它"，以示统一。

8. 本书主要参校了三个相关的《道德经》版本（或译文）书中仅列出简称和征引页码，不另赘注。

（1）简称为"法译本"：Stanislas Julien, *Le Livre de la Voie et de la Vertu*, Paris：A L'imprimerie Royale, 1842。

（2）简称为"王弼注本"：（魏）王弼注，楼宇烈校释：《老子道德经注校释》，中华书局 2008 年版。

（3）简称为"河上公本"：王卡版点校：《老子道德经河上公章句》，中华书局 1993 年版。

体道章第一

道可道，非常道；名可名，非常名。

无名，天地之始；有名，万物之母。

常无欲，以观其妙；常有欲，以观其徼。

此两者，同出而异名。同谓之玄。

玄之又玄，众妙之门。

Chapter First

The way that can be expressed by the word is not the eternal way.

The name that can be named is not the eternal name.

The being without a name is the origin of Heaven and Earth, with a name the origin of all things.

For this name, they who are constantly exempt from passions see his spiritual essences; they who indulge in passions see the Taou under a limited form and imperfectly.

These two principals have the same origin and receive different names.

They are called the two mysteries, double mysteries.

This is the door of all spiritual things, of all mysterious doctrine.

注 "Chapter First" 是根据汉语原文 "章第一" 翻译过来的，实际上应译为 "Chapter One"。此处及下文，悉依原稿，不作订正。

第一章

可以用言辞表达的"道"，便不是永恒之道；

可以被命名的"名"，便不是永恒之名。

没有名字的存在，是天和地的本源；有名字的存在，才是万物的本源。

源于这个名，那些一向被豁免了欲望的（主体）①，才能看到它的精神实质；那些沉迷于欲望的（主体），看到的是有限的形态和不完美的"道"。

这两种原理，有同一个本源，然而却得到了不同的命名。

他们被称为两种玄秘的事物，（即）双重神秘的事物（玄之又玄）。

这是所有精神性事物、所有神秘教义的门户。

---

① 这类括号内的内容，有时是根据整句的语义，作补充说明或解释之用。下文相同，不再注出。

养身章第二

天下皆知美之为美，斯恶矣；
皆知善之为善，斯不善矣。
故有无相生，难易相成，长短相形，
高下相倾，音声相和，前后相随。
是以圣人处无为之事，行不言之教。
万物作焉而不辞，生而不有，
为而不恃，功成而不居。
夫唯弗居，是以不去。

Chapter Second

In this world, when all mankind appreciated moral beauty, then vice appeared; when all mankind appreciated good, then vice appeared.

For this reason, existence and non-existence are the results of each other. The difficult and the easy mutually produce each other. The long and short give to each their forms.

The high and low show mutually their inequalities. The tones of the voice mutually accord. The past and the future are the consequences of each other.

From whence, it comes that the holy man makes it his occupation " not to move" . He makes his instructions consist in silence.

Then all beings put themselves in movement and he refuses them nothing.

He produces them and does not appropriate them to himself.

He makes them perfect and does not count upon them.

His merits being accomplished, he attaches himself to no one.

He is not attached to his merits, for this reason, they will not leave him.

第二章

在这世上，当所有人都能领略道德之美，那么恶便显现出来了；

当所有人都领略到善（之为善），那么恶（也）显现出来了。

因此，存在与不存在，是互为因果。困难与容易，相互形成。长与短，相互赋予对方以形状。高与下，相互显现他们的不对等。声音的音调，相互应和。过去和未来，是互为因果。

正因此，圣人的职责，便是"不妄动"（无为）。他实行的教诲在于"缄默无言"。

由此，（即使）万物将自己置于运动之中，他（也）从不拒绝他们（任何事）。

他生养他们，然而并不将他们占为己有。

他将他们变得完美，然而并不仰赖他们。

他的功德完满（之后），他自己不依恋任何人。

他（也）不依恋于自己的功德，因此，它们（功德）不会远离他。

安民章第三

不尚贤，使民不争；

不贵难得之货，使民不为盗；

不见可欲，使民心不乱。

是以圣人之治，虚其心，实其腹；弱其志，强其骨。

常使民无知无欲，使夫知者不敢为也。

为无为，则无不治矣。

Chapter Third

By not exalting the sages, the people are prevented from disputing.

By not valuing goods difficult of acquisition, the people are prevented from giving themselves up to robbery.

By not regarding objects that awaken desires, the heart of people are prevented from being troubled.

For this reason, when a holy man governs, he empties his heart, he fills his belly, subdues his will, and strengthens his bones.

He studies constantly to make the people ignorant and to exempt them from desires.

In this manner, he makes those who have knowledge and fear to move.

He practices the "non-agir"[1] and then there is nothing he cannot well govern.

---

① "non-agir" 一词，意即"无为"，出自儒莲的法语译本，此句译为："Il pratique le *non-agir*, et alors il n'y a rien qui ne soit bien governé." 见儒莲法译本原文（第 12 页），以及此章的注释七（第 14—15 页）。这个英语译本中，"无为"多数时译为"non-agir"，有时也译为"never/ no move"（见本书第三十七章英译文）。

第三章

不颂赞圣贤，便阻止了人民争辩（不休）。

不珍视难得的货物，便阻止了人民弃身为贼。

不关注那些容易引起欲望的事物，便可使人心免受折磨。

因此，当圣人统治时，他腾空了他的心，充实了他的腹，克制了他的意志，并增强了他的骨骼。

他常常考虑（如何）使人民没有智识，为他们免除各种欲念（之苦）。

照这种方式，他（也）使那些"有智识"的人民，不敢妄作非为。

他践行"无为"，这样便没有什么是他无法好好统治的。

无源章第四

道冲，而用之或不盈。
渊兮似万物之宗。
挫其锐，解其纷，和其光，同其尘。
湛兮似或存。
吾不知谁之子，象帝之先。

Chapter Fourth

The Way is immaterial, but if one make use of it, it appears inexhaustible.

O, how deep it is!

It is like the ancestor of all beings.

The blunts his subtlety, the disengages himself from all ties, the tempers [or veils] his splendor, the assimilates himself to the dust.

O, how pure he is!

He appears to subsist eternally.

I am ignorant whose son he is.

He appears to have preceded the ruler of heaven.

第四章

"道"是无形质的，但是倘若人们使用它，它（却）显得无穷无尽。

啊！它是那么渊深！

它像是万物的祖宗。

挫钝它的锋芒；解开它的所有束缚；掩盖它的华丽；将它同化入尘土。

啊！它是那么纯粹！

它能显现永恒的存活。

我不知它是谁的儿子。

它的出现（甚至）在天庭的统治者之前。

虚用章第五

天地不仁，以万物为刍狗。

圣人不仁，以百姓为刍狗。

天地之间，其犹橐龠乎，

虚而不屈，动而愈出。

多言数穷，不如守中。

Chapter Fifth

Heaven and Earth indulge no partial affection; they regard all beings as dog of straw laid up an alter for sacrifice.

The holy man has no partial affection; he regards all people as a dog of straw.

The being who is between the Heaven and the Earth, resemble the bellows of a forge, which is empty and get is not exhausted, it is put in motion and produces more and more (wind of the Way) . [1]

He who speaks much of the Way is often reduced to silence.

---

① 本句句末"wind of the Way"在原稿中墨迹暗淡，作者似乎有意要删去。查对儒莲法译本，此句后半句译为"Que l'on met en movement et qui produit le plus en plus (du vent)"（儒莲法译本，第 18 页），因而可知"wind of the way"一词组来自（du vent）［即英语"the wind"］，即"风"。古希腊语本《圣经》中"圣灵"一词，既有"神"（spirit）一义，也有指"风"（wind）一义。马礼逊（Robert Morrison）在其译版本的圣经中，便曾译"圣灵"为"圣神风"，其义相同。参马礼逊译《我等救世主耶稣新遗诏书》，马六甲英华书院 1817 年版本，第 2 叶，"马里亚由圣神风而受孕"。"wind of the Way"（道风、大道之风化）一词，本是本章原文所无，此稿本明显可知曾有人校对过，有些涂改的地方已无法辨识。此处这个词组却能辨识，这可能表明译者和校者，或许仍在推敲不定之际。

It is better to observe a medium.

第五章

天地没有偏爱的情感；他们对待万物，如同被置于神坛上被献祭的刍狗（稻草做的狗）。

圣人没有偏爱的情感；他们对待万民，也如同刍狗。

天与地之间的存在，如同铁匠铺中的风箱，是空虚的，但又不会穷竭，发动起来则又能产生越来越多（道之风）。

对"道"议论得太多的人，往往（会）简而无言。

不如持守中庸（之道）。

成象章第六

谷神不死，是谓玄牝。

玄牝之门，是谓天地之根。

绵绵若存，用之不勤。

Chapter Sixth

The spirit of the valley dies not.

It is called the mysterious female.

The door of the mysterious female is called the root of Heaven and Earth. / (i. e. All creatures' spirit and the Taou or the Way) . [1]

He is external; he appears to exist (materially) . [2]

If one use him, one experiences no fatigue. / (i. e. If one imitates the Taou from day to day, he will experience no fatigue.) [3]

---

① 概括内注释，出于儒莲法译本（第 22 页）的注释三、四。法译本的（la porte）（即英译 the door）处，有注释三，内文如是 "Cette expression veut dire que toutes les créatures sont sorties du Tao"，意即 "这种措辞表明'万物皆出于道'"。法译本的（la racine）（即英译 the root）处，有注释四，内文如是："Cette expression veut dire que le ciel et la terre sont nés du Tao"，意即 "这种措辞表明'天地乃道之所生'"。英文本译者将法译本的两个注释合并为一。

② 译自法译本补注 "matériellement"。

③ 法译本注释置于上半句句末，解释 "用"（usage/use）这一字，法文注释为 "Si l'homme peut imiter le Tao, quand il en ferait usage tout le jour, il ne se fatiguerait jamais"。

第六章

谷神不死。

它被称为神秘的雌性。

神秘的雌性之门，被称为天地的根源。（即所有生物的精神和道或途径）

它是外在的，（物质性的）显现而存在。

倘若有人使用它，那人将不会感到疲乏。（即倘若有人效仿道，日复一日，他将不会感到疲乏）

韬光章第七

天长地久。
天地所以能长久者，以其不自生，故能长久。
是以圣人后其身而身先，外其身而身存。
非以其无私邪？故能成其私。

Chapter Seventh

Heaven and Earth have an external duration;
Being able to exist eternally is because they exist not for themselves.
This is the cause of their external duration.
From whence, it comes that the holy man ranks himself below all others, and then he becomes the first.
He disengages himself from his body, and his body is preserved.
Because he has no private interests?
He can succeed in his private interests.

第七章

天地能外在而长存。
之所以能够外在地存在，是因为他们不为自己而存在。
这是他们能够外在长存的原因。

正因为这样，圣人把自己安置在所有人的后面，反而他能够领先。

他脱离自己的身体，反而他的身体得以保全。

（这难道不是）因为他没有私人的利益？

他才能成就私人的利益。

易性章第八

上善若水。

水善利万物而不争，处众人之所恶，故几于道。

居善地，心善渊，与善仁，言善信，政善治，事善能，动善时。

夫唯不争，故无尤。

Chapter Eighth

The man of superior virtue is like water.

Water excels in promoting the well – being of others and struggles not.

Water dwells in foul and detestable places.

Thus the sage when he approaches or imitates the "Taou", pleases himself in situa-tions the most humble. ①

His heart loves to be deep as an abyss.

If he bestows gifts, he excels in showing his humanity.

If he speaks, he excels in the practice of truth.

If he governs, he excels in procuring peace.

If he acts, he excels in showing capacity.

If he moves, he excels in conforming himself to the times.

He strives with no person, therefore he has no faults.

---

① 后半句为"居善地"之译，儒莲法译本（第27页）为"Il se plaît dans la situation la plus humble"，即"He delights in the most humble circumstances"，河上公本（第29页）："水性善喜于地，草木之上即流而下，有似于牝动而下人也。"故知，此"善"字，可解为"善喜"也。

第八章

人的至高德行，就像水。

水善于造福他人，而不（与人）竞争。

水（往往）停留在污秽和（令人）嫌恶的地方。

故而，当圣人追求或效仿"道"，他乐于处在最低下的位置。

他的心乐于深如渊潭。

倘若他馈赠礼物，他善于表达他的仁慈（人性）。

倘若他讲话，他善于实践真理。

倘若他统治，他善于取得和平。

倘若他事功，他善于发挥所长。

倘若他行动，他善于把握时机。

他不与人争，所以他也没有过错。

运夷章第九

持而盈之，不如其已。

揣而锐之，不可长保。

金玉满堂，莫之能守。

富贵而骄，自遗其咎。

功成名遂身退，天之道也。

Chapter Ninth

It is better not to fill a vase than to keep it (when it is full) . [①]

If one would sharpen a blade while he cut with the hand, he could not always keep it sharp.

If a room is filled with gold and precious stone, no one person will be able to guard it.

If one is loaded with honors and gets proud, he will draw upon himself some misfortune.

When a man performs great actions and obtains a reputation, he ought to withdraw himself into a desert.

Such is the way of heaven.

---

① 括号内补加内容是法译本原有，即由 "lors qu'il est plein" 句译出。

第九章

与其填充进容器（尤其当它还满之时），不如执持着它。

若有人执刀砍物，又能使刀锋更锐利，他终还是不能保持永久的锐势。

假如一室之内堆满了金子和宝石，没有人能（永久地）守住它。

假如某人因载誉而变得骄傲，他将会自己招致来祸患。

当一个人成就了丰功伟绩，并赢得了美名，他应当自己退守到一个荒芜之地。

这便是天之道。

能为章第十

载营魄。

抱一，能无离。

专气致柔，能如婴儿。

涤除玄览，能无疵。

爱民治国，能无为。

天门开阖，能为雌。

明白四达，能无知。

生之，畜之。

生而不有，为而不恃，长而不宰，是谓玄德。

Chapter Tenth

The intellectual powers ought to command the sensual.

If a man preserves unity (i. e. That is has no irregular desires), they will both remain indissoluble (or in repose.)[①]

If he subjugates his vital force and renders it extremely docile, he will be as an infant.

---

① 法译本（第32页）本章注二注释中内容有：" ' conserver l'unité', veut dire faire en sorte que notre volonté soit essentiellement une (c'est – à – dire non partagée entre les choses du monde), afin de procurer la quietude a notre cœur." 可直译为，" '抱一'，意为确保我们的意志可以在本质上（也即是说，不为世上事分散意志）给我们心灵以平静"。法译本注释的后半部分还有："l'âme spirituelle et l'ame animale ne se separeront pas l'une de l'autre"，可直译为："精神性的灵魂和动物性的灵魂将不至于彼此分离。"河上公本（第34页）："营魄，魂魄也。人载魂魄之上得以生，当爱养之。……故魂静以志道不乱，魄安得寿延年也。"故而，英译文中的"they"即是指魂和魄。

If he keeps himself from the lights of knowledge, he will be able to exempt himself from his infirmity. ①

If he cherishes the people and procures peace in the kingdom, he will be able to practice the "non – agir".

If he leaves the gates of Heaven to open and shut themselves, he will be able to remain in constant repose. ②

If the light penetrates into all places, he will be able to appear ignorant.

He produces beings and nourishes them.

He produces them and does not regard them as his property.

He bestows benefits upon them and counts not upon them (i. e. their gratitude) . ③

He reigns over them, but treats them not as their master.

This is a mysterious virtue.

第十章

智力应当控制住感官。

假如一个人能够保持统一（即没有诸多不合理的欲望），它们（精神与形体）便会保持不分离（的状态）［即静中养神］。

假如他能控制住他的生命力，并将其转化得极为温顺，那么他将会如同一个婴儿。

假如他远离知识之光芒，他将可以自我免除病弱。

假如他在国中能够珍爱人民并赢取和平，他将能够践行"无为"。

假如他让天之门自己开合，他将能够保持停留在静止（状态）。

---

① 法译本此处有"（morale）"字样，"morale"即"道德方面的"，指向的意涵是"道德方面可以没有瑕疵"。

② 此句法译本为"S'il laisse les portes du ciel s'ouvrir et se fermer, il pourra être comme la femelle（c'est a dire rester en repos）."可知英译本将"能为雌"句略去不译了，而将法译本补充的内容"c'est a dire rester en repos"调整为正文。

③ 此处括号内内容为法泽本所无。法译本此句为"Il leur fait du bien et ne compte pas sur eux"（他为他们做好事，但并不指望他们），并附有一注"Il n'attend d'eux aucune recompense"（他并不期望他们回报）。

假如（知识的）光穿透进每个地方，他将会表现得毫无学识。

它生长万物、养育万物。

它生长万物，但又不将其占为己有。[①]

它馈赠恩惠给他们，但又不依恃（期待）他们（比如他们的感谢）。

它统治他们，但又不做他们的主人。

这即是一种玄秘的德行。

[①] 此句翻译，来自河上公本（第36页）的注释，"道生万物，无所取有"。

无用章第十一

三十辐共一毂，当其无，有车之用。
埏埴以为器，当其无，有器之用。
凿户牖以为室，当其无，有室之用。
故有之以为利，无之以为用。

Chapter Eleventh

Thirty spokes unite themselves around the stock of a wheel.

It is upon its emptiness that the use of the chariot depends.

The potter's clay of which vases are made to moulded from the Earth.

It is upon its emptiness that the use of the vases depends.

Doors and windows must be made in order to make a house.

The use of the house depends upon its emptiness.

Thus usefulness comes from entity, and use is born of non – entity.

第十一章

三十条轮辐围绕着车轮的中心，集合在一起。
正因为（车轮）有空的地方，才有马车的作用。
陶土来自大地，能够被模塑成为容器。
正因为（容器）有空的地方，才有容器的作用。

门和窗必须开凿，方能造出房屋。

正因为（房屋）有空的地方，才有房屋的作用。

有用之处来自"实体"（有），而"有用"却生自于"无实体"（无）。

检欲章第十二

五色令人目盲；

五音令人耳聋；

五味令人口爽；

驰骋田猎，令人心发狂；

难得之货，令人行妨。

是以圣人为腹不为目，故去彼取此。

Chapter Twelfth

The five colors dim the sight of man.

The five notes (of music) dull the hearing of man.

The five flavors (i. e. sweet, pungent, acid, salty, bitter) dull the taste of man.

Violent courses, the exercise of hunting dissipates the heart of man.

Goods difficult of acquisition invite man to acts which hurt him.

From whence, it comes that a holy man is occupied with his interior (i. e. guards his five natures, expels his six affections moderates his vital force, nourishes his mind), and is not occupied with his eyes. ①

This is the reason he renounces that and adopts this.

---

① 此句法译本（第 41 页）为 "De là vient que le saint homme s'occupe de son intérieur et ne s'occupe pas de ses yeux"，本章注释九、十对 "为腹" "不为目" 有详细的解释。此句括号内英译，取自法译本注释九："c'est à dire, garder ses cinq natures, expulser ses six affections, modérer sa force vitale, et nourrir (E) ses esprits."（笔者译为：也就是说，防护其五性，放逐其六情，调度其生命力，滋养其心灵。）

第十二章

五种色彩使人的视觉，变得暗淡。

五种（音乐的）音符使人的听觉，变得迟钝。

五种气味（即甜、辣、酸、咸、苦）使人的味觉，变得麻木。

剧烈的追逐——训练狩猎，使人心变得放荡。

难得的货物，引人残害自己。

正因为这样，圣人专注于他的内在（即防护其五性[①]，放逐其六情[②]，调度其生命力，滋养其心灵），而不受惑于眼之所见。

这即他去彼取此的原因。

---

① 五情，即人的五种性情。一指喜、怒、欲、惧、忧。出于《大戴礼记·文王官人》："民有五性，喜、怒、欲、惧、忧也。"见（清）王聘珍撰《大戴礼记解诂》，中华书局 1983 年版，第 191 页。另一指喜、怒、哀、乐、怨。出于南朝梁刘勰《文心雕龙·情采》："故立文之道，其理有三：一曰形文，五色是也；二曰声文，五音是也；三曰情文，五性是也。"（南北朝）刘勰著，周振甫注《文心雕龙注释》，人民文学出版社 1981 年版，第 346 页。

② 六情，即人的六种情欲。《韩诗外传》卷五："人有六情：目欲视好色，耳欲听宫商，鼻欲嗅芬香，口欲嗜甘旨，其身体四肢欲安而不作，衣欲被文绣而轻暖。此六者，民之情也。"屈守元《韩诗外传笺疏》，巴蜀书社 1996 年版，第 474 页。

厌耻章第十三

宠辱若惊，贵大患若身。

何谓宠辱若惊？

宠为下，得之若惊，失之若惊，是谓宠辱若惊。①

何谓贵大患若身？

吾所以有大患者，为吾有身；

及吾无身，吾有何患？

故贵以身为天下者，可以寄天下；

爱以身为天下者，可以托天下。②

Chapter Thirteenth

The sage fears glory as he does ignominy; his body weights upon him as a great calamity.

What is understood by the words: he fears glory as ignominy?

Glory is something low.

When one has obtain it, he is often filled with fears.

When one has lost it, he is also full of fears.

This is why he fears glory as ignominy.

---

① 这一句不同版本有异文。此处采自较为通行的王弼注本。河上公本（第49—50页）则另作"辱为下，得之若惊，失之若惊，是谓宠辱若惊"。后人据日本钞本补入"宠为下"三字。

② 此两句，河上公本为"故贵以身为天下者，则可寄于天下；爱以身为天下者，乃可以托于天下"。（第49页），王弼注本（第29页）为"故贵以身为天下，若可寄天下；受以身为天下，若可托天下"。

What is understood by the words: his body weights upon him as a great calamity?[①]

If we experience great calamities it is because we have a body.

When we have no longer a body, what calamities can we experience?

For this reason, when a man fears to govern the empire himself, the empire may safely be confided to him.

When he deprecates the government of the empire, the government of the empire may be given to his care.[②]

第十三章

圣人恐惧荣誉，犹如他恐惧侮辱；

他的身体，如同一个大劫患，给了他许多负担。

如何理解这句话：他恐惧荣誉犹如恐惧侮辱？

荣誉是等而下的东西。

当获得它时，人便感到惴惴不安。

当失去它时，人也感到惴惴不安。

这就是为何他恐惧荣誉犹如恐惧侮辱。

如何理解这句话：他的身体如同一个大劫患，给他许多负担。

倘若我们体验到大劫患，是因为我们有一个身体。

当我们不再有一个身体，我们还会体验到什么劫患呢？

正因为这样，当一个人惧怕去治理天下时，方可安心将天下托付给他。

当他反对治理天下时，方可将治理天下的权力托付给他。

---

① 按：此句英译本有标点错误，在"words"一词之后加了感叹号，依照法译本和上一个疑问句改正。

② 句中"Empire"（帝国）一词，对应的是"天下"一词；"天下"一词，在本稿中有时也译为"The world"（世界）。本书中现代汉语译文，大多数时仍是将"Empire"译为"天下"，而不译为"帝国"。这可能是在儒莲视野里，他并不接受中国人（老子）所说的"天下"即是普适性的世界，即全世界，而直接将其对应为"中华帝国"的"帝国"。下面有相似情况，不再注明。

赞玄章第十四

视之不见，名曰夷；

听之不闻，名曰希；

搏之不得，名曰微。①

此三者，不可致诘，故混而为一。

其上不皦，其下不昧。

绳绳兮不可名，复归于无物。

是谓无状之状，无象之象，是谓惚恍。②

迎之不见其首，随之不见其后。

执古之道，以御今之有。

能知古始③，是谓道纪。

Chapter Fourteenth

If one looks (at the Taou or way) , and he cannot see him , he is named " colorless" .

If you listen to him , and you cannot hear him , he is named " aphone" , " without a sound" . ④

---

① 此句河上公本（第 52 页），作"抟之不得，名曰微"。

② 此句河上公本（第 53—54 页）和王弼注本（第 31 页）皆作"是谓无状之状，无物之象，是为惚恍"。

③ "能知古始"一句，与王弼注本相同，河上公本（第 54 页）作"以知古始"。

④ "aphone"（无声）一词，为法译本所用。但法译本中并无"without a sound"这一词组，应是英译译者所加。

You wish to touch him and you touch him not, he is named "incorporeal".

These three qualities cannot be explained by the aid of words.

This is why they are confounded in one.

This superior part is not brilliant; his inferior part is not obscure.

He is eternal; he cannot be named.

He returns to "nonexistence".

He is named, a form without a form, an image without an image.

He is vague and indeterminate.

If you go before him, you cannot see his face.

If you go behind him, you cannot see his back.

It is by observing the "Taou" or "Way" from ancient times that one can learn to govern the existence of today.

If a man know the origin of the ancient things, he may be said to hold the clue or thread of Taou. ①

第十四章

倘若有人看（道）但又看不见它，便可称其为"无色"。

倘若你听它但又听不到它，便可称其为"无声"。

你想触摸它但又摸不着它，便可称其为"无形"。

这三者的品质，无法用言辞来解释。

这也是为何三者会混合而为一。

它的上半并不光亮；它的下半也不晦暗。

它是永恒的，不可命名的。

它（能/会）回到"不存在"。

它被命名为，一种没有形状的形状，一种没有形象的形象。

---

① 此处儒莲法译本（第 49 页）注释十一、十二，有注释讨论"古始"和"道纪"两词。法译本用中文注出"古始"即"始于无始"，"道纪"即"道之端绪"（并注法文 le fil initial du Tao）。

它是模糊的、不明确的。

倘若你走在它的前面，你看不到它的脸。

倘若你走在它的后面，你看不见它的背。

一个人通过观察自古已有的"道"，便能学会治理现今的具体事物。

倘若一个人知晓了古代事物的本源，他可以说是把握了"道"的端绪。

显德章第十五

古之善为士者，微妙玄通，深不可识。

夫唯不可识，故强为之容。

豫兮若冬涉川；

犹兮若畏四邻；

俨兮若客；

涣兮若冰将释；

敦兮若朴；

旷兮若谷；

浑兮若浊。

孰能浊以浑静之徐清？

孰能安以久动之徐生？

保此道者不欲盈。

夫唯不盈，故能敝不新成。①

Chapter Fifteenth

In ancient times they who excelled in the practice of the Taou were delicate, subtle,

---

① 除前几句相同外，本章所抄写的手稿，与河上公本和王弼注本稍有出入，故列上其他两版本，以兹对照。河上公本（第58—60页）作："与兮若冬涉川；犹兮若畏四邻；俨兮其若客；涣兮若冰之将释；敦兮其若朴；旷兮其若谷；浑兮其若浊。孰能浊以（止）静之，徐清孰能安以久动之，徐生？保此道者，不欲盈。夫唯不盈，故能蔽不新成。"王弼注本（第33—35页）作："豫焉若冬涉川；犹兮若畏四邻；俨兮其若容；涣兮若冰之将释；敦兮其若朴；旷兮其若谷；混兮其若浊。孰能浊以静之徐清？孰能安以久动之徐生？保此道者不欲盈。夫唯不盈，故能蔽不新成。""与"字，乃"豫"字之假借字。

abstract, discriminating. ①

They were so profound that no one would know them.

As no one could know them, I (Laou Ts) must try & give an idea of what they were. ②

They were timid as they who cross a torrent in winter.

They were irresolute as he who fears to be seen by his neighbor.

They were grave as a stranger in the presence of his host.

They effaced themselves as ice which returns again to water.

They were rude as wood not carved.

They were empty as a valley.

They were troubled as a muddy water.

Who is he knows to appease gradually the trouble of his heart by learning it in repose?

Who is he who knows how to attain gradually to a spiritual life by a prolonged calm?

He who preserves the Taou desires not to be full.

He is not full (or himself), this is why he takes care of his faults (apparent), and he desires not (to be judged) perfect. ③

第十五章

在古代，善于践行"道"的人，微、妙、玄、通。

---

① 此句法译本（第50页）为"Dans l'antiquité, ceux qui excellaient à pratiquer le Tao étaient déliés et subtils, abstraits et pénétrants"。可知后四个词是两两并列（"微与妙""玄与通"），故而英译者似有手误。窃以为应为"In ancient times they who excelled in the practice of the Taou were delicate and subtle, abstract and discriminating"。将"通"译为法语"pénétrant"，即"穿透""有洞察力的"，是可取的，然而，又将其转译为"discriminating"，即"区分"，似乎并不恰当。

② "Laou Ts"，即老子，儒莲法译本常在行文中补入第一人称，并注明是老子。以下有相同处，不赘注出。"Of what they were"一句对应的法译本原文在括号之内，即"（de ce qu'ils étaient）"。

③ 括号内为法译本所有，儒莲法译本原文（第51页）为"Il n'est pas plein（de lui-même），cést pourquoi il garde ses défauts（apparents），et ne désire pas（d'être jugé）parfait"。英文手稿中，此句中没有两个逗号，最后的丛句也没有与法语"et"对应的"and"。已径改。

他们是那么深刻，以至于没有人能懂他们。

正因为没人能懂他们，我（老子）必须试着讲讲一点想法（关于他们是什么）。

他们小心审慎，如同在冬天里横越过急流；

他们犹豫不决，如同害怕被他们邻居看到。

他们俨然拘谨，如同东道主面前的陌生人。

他们抹去自己（的特征），如冰再返融为水。

他们是原始的，如同未经雕琢的木材。

他们是空旷的，如同幽谷。

他们是混乱的，如同泥泞的浊水。

谁能在宁静中学会它（道），逐渐安抚他内心的烦乱？

谁能学会延长安定的状态，逐渐获得一种精神性的生活（境界）？

能坚守"道"的人，不会自满。

他不自我满足（自己本身），所以他能去掉缺陷（显而易见），期望不（被评价为）完美。

归根章第十六

致虚极，守静笃。

万物并作，吾以观其复。

夫物芸芸，各复归其根。

归根曰静，静曰复命。

复命曰常，知常曰明。

不知常，妄作凶。

知常容，容乃公，

公乃王，王乃天，

天乃道，道乃久，

没身不殆。

Chapter Sixteenth

He who has attained the height of inanity has firmly secured his repose.

Ten thousand beings are born together (at the same) ; I see them soon returns to their former state.

After flourishing a while , each returns to its origin.

Returning to its origin is called being in repose.

Being in repose is called returning to life.

Returning to life is called being constant.

Knowing or unchangeable knowing to be constant is called being brilliant.

He who knows not how to be constant abandons himself to disorder , and draws upon himself misfortunate.

He who knows how to be constant has a great soul.

He who has great soul is just.

He who is just becomes a king.

He who is a king associates himself with Heaven.

He who associates with Heaven imitates the Taou.

He who imitates the Taou will secure long life，and to the end of his life will never be exposed to any danger.

第十六章

达到极致虚空的人，（也）能笃守其宁静。

万物（同时）蓬勃生长，我看到他们很快回到原先的状态（循环往复）。

繁荣一阵子后，各自又回到原点。

回到原点（返本归根的状态），便叫做"静"。

静，便叫做回归到生命。

回归到生命，便叫做"常"。

懂得了或不改变已懂得的"常"，便叫做"明"。

不懂得如何保持住"常"的人，便将自己放纵到混乱（的状态），从而为自己招致灾祸。

懂得了"常"的人，便拥有一个伟大的灵魂。

有伟大灵魂的人，便会大公无私。

能大公无私的人，便能成王。

成为王的人，便能感应到天。

能感应到天的人，便能效仿"道"。

能效仿"道"的人，便能获得长寿，直到生命的终结，都能免遭灾祸。

淳风章第十七

太上，下知有之；
其次，亲而誉之；
其次，畏之；
其次，侮之。
信不足，有不信。
犹兮其贵言。①
功成事遂，百姓皆谓我自然。

Chapter Seventeenth

In the early ages of the world, the people only knew that they had kings.

In the following (age), they knew, loved and praised them.

In the following feared them.

In the following despised them.

He who (the king) had no confidence in them, (the people) could not attain their confidence.

The first kings were grave and reserved in their words.

After they had acquired glory and succeed in their designs, the hundred families (the people) said we will follow our nature. ②

---

① 此句与河上公本（第40页）相同，王弼注本另作"悠兮其贵言"。

② 后半句法译本为"Les cent familles disaient: nous suivons notre nature"。英译句应更改为："The hundred families said we would follow our nature."

第十七章

在远古之初，人民只知道他们有王者（而不臣事之）。

在随后的时代，人民知道（有王者）、敬爱并赞美（他们）。

再后来，畏惧他们。

再后来，鄙视他们。

缺乏诚信的王者，无法获得（人民的）信任。

最初的王者，沉稳而不轻易发号施令。

他们（王者）获得荣誉、完成预定的目标后，百姓（人民）都说：我们会跟随自己的本性。

俗薄章第十八

大道废，有仁义；
慧智出，有大伪；
六亲不和，有孝慈；
国家昏乱，有忠臣。

Chapter Eighteenth

When the great Way had fallen into decay, then appeared humanity and justice.

When prudence discrimination was shown, then appeared great hypocrisy.

When the six relations (father and son, elder and younger brothers, husband and wife)① had ceased to live harmoniously, one saw acts of filial piety and paternal affection.

When kingdoms had fallen into disorder, and then appeared faithful and devoted subjects.

第十八章

当大道衰落到腐朽之时，便会出现仁义。
当有了精明的辨别能力，便会出现大伪。

---

① 六亲（六种关系），此处括号内容译自法译本，是为该句的注释（法译本第64页，本章注释四）。

当六亲（父子、长幼和夫妻）不再和谐共处，便会看到践行孝道和慈爱。

当国家崩毁到动乱不堪，便出现忠臣。

还淳章第十九

绝圣弃智，民利百倍；
绝仁弃义，民复孝慈；
绝巧弃利，盗贼无有。
此三者以为文不足。
故令有所属：见素抱朴，少私寡欲。

Chapter Nineteenth

If you renounce wisdom and quit prudence, the people will be a hundred times more happy.

If you renounce humanity and quit justice, the people will return to filial piety & paternal affection.

If you renounce skill or cleverness and quit lucre, robbers and brigands will disappear.

Renounce these three things, persuade yourself that the appearance suffices not.

For this reason I show to men that to which they ought to attach themselves.

That they may try to be simple to preserve their purity, to have few desires, and few private interests.

第十九章

假如你（王者/统治者）弃绝了智慧和精明，人民将会（得到）百倍的幸福。

假如你弃绝了仁和义，人民将会回到孝慈（的天性）。

假如你弃绝了巧诈和私利，盗贼和土匪（自然）就会消失。

弃绝这三者（圣智、仁义和巧利），（并）说服你自己：这些表面的东西，不足够（以治理天下）。

正因为这样，我指引人们：他们应当归属于哪里。

即他们应当尽量简朴，以保持其纯粹，减少私欲和私利（寡欲）。

异俗章第二十

绝学无忧，唯之与阿，相去几何？

善之与恶，（相去若何？）①

人之所畏，不可不畏。

荒兮，其未央哉！

众人熙熙，如享太牢，如春登台。

我独怕兮，其未兆。如婴儿之未孩。

乘乘兮，若无所归。②

众人皆有余，而我独若遗。

我愚人之心也哉，沌沌兮！

俗人昭昭，我独昏。

俗人察察，我独闷闷。

忽兮其若海，漂兮若无止。③

众人皆有以，而我独顽似鄙。

我独异于人，而贵食母。

Chapter Twentieth

Renounce study, you will be exempt from sorrow.

How slight is the difference between "wei" and "wee" (though one expresses resp-

---

① 手稿中并无抄录汉文"相去若何？"一句，但有英语译文。

② 此句与河上公本同，王弼注本（第47页）另作"儽儽系，若无所归。"

③ 此句与河上公本同，王弼注本（第47页）另作"澹兮其若海，飂兮若无止。"

ect，and the other the want of it）．[1]

How great is the difference of good and evil!

What men fear，they cannot be prevented from fearing.

They abandon themselves to disorder and stop not.

Men of the world are exalted by joy as they who feed in delicate and costly viands，as they who look abroad from a high tower in spring time.

Me（Laou Ts），I am calm，my affections have taken no root.

I am like an infant that has not yet smiled upon its mother.

I am detached from all things.

One would say I know not where to go.

Men of the world（have）much that is superfluous.

Me alone！ *I am as a men who has lost all.*

I am as a man of narrow mind.

I am deprived of all knowledge.

Men of the world are filled with light.

Me alone！ *I am plunged in darkness.*

Men of the world are endowed with penetration.

Me alone！ *I have a confused and troubled spirit.*

I am vague as the sea.

I float as if I know not where to stop myself.

Men of the world have great talents.

Me alone！ *I am stupid，I resemble a rustic.*

Me alone！ *I differ from all other men because I revere the mother who nourished（all beings）.*

第二十章

放弃学习（精明智巧的学问），你便能免于忧虑。

---

① 此句法译本为："Combien est petite la différence de *we* ？（un *oui* bref）èt de *o*（un *oui* lent）！"即一个是"简短的"肯定，一个是"缓慢的"肯定。

"唯"与"阿",这两者有多微妙的差异？（尽管一个表达尊敬，一个表达需要被尊敬。）①

善与恶，（又）有多大的不同？

人们害怕，（是因为）他们不能中止害怕（的感觉）。

他们放纵自己至于混乱，但又不能停止。

世上的人啊，欢乐而得意扬扬，如同享用精致而昂贵的美食，如同在春日登上了高楼，向外远眺。

而我（老子），我淡泊宁静，我的情感没有生根。

我如同一个（刚出生的）还未向母亲微笑过的婴儿。

我与所有的事物，没有任何瓜葛。

人们会说，我不知去向何处。

世上的人啊，（你们）太过于奢侈了。

而独独是我！我像是一个失去所有的人。

我像是一个"愚昧的"人。

我是一个被剥夺了所有知识的人。

世上的人啊，都充满了光明。

而独独是我！我却投身于黑暗（之中）。

世上的人啊，都有天赐的洞悉能力。

而独独是我！我的精神却糊涂而混乱。

我像大海一样不清楚（深浅）；我飘忽不定，好像不知止境。

世上的人啊，都天资卓绝。

而独独是我！我是愚昧的，如同一个粗鄙的人（粗汉）。

独独是我！我与世人都不同，因为我敬畏那个滋养万物的母亲。

---

① 此处英译并非源自法语译文，与法语译文的意思，也不相同。此处中文语义"唯"（答应）与"阿"（呵斥，反对），两者是相反的意思。倘若将"阿"，译为阿谀逢迎，则与"唯"的被动"答应"相反，是主动"阿迎"。法译本，则译成了两种不同程度的"肯定"，一个是简短的肯定，一个是缓慢的肯定。这种解释，与《道德经》章句的原义不同。而英译本，又有译者发挥的意义，两个词，一个表达尊敬，一个表达需要被尊敬。

虚心章第二十一

孔德之容，惟道自从。

道之为物，惟恍惟惚。

惚兮恍兮，其中有象；

恍兮惚兮，其中有物。

窈兮冥兮，其中有精；

其精甚真，其中有信。

自古及今，其名不去，以阅众甫。

吾何以知众甫之然哉？以此。

Chapter Twenty First

The visible forms of the great Virtue emanates only from the Toau.

Behold! [①] *This is the mature of the Taou.*

He is vague; he is confused.

How confused he is! How vague he is!

Within him is the model and image of all beings.

He is vague! He is mysterious!

Within him are the model and substance of all beings.

He is profound! He is mysterious!

---

① 圣经中耶稣常用此词 "Behold!" （看哪！/瞧啊！）如钦定本圣经 KJV Matthew 12：18 (Behold my servant, whom I have chosen; my beloved, in whom my soul is well pleased: I will put my spirit upon him, and he shall shew judgment to the Gentiles.)。

Within him is a spiritual essence.

His spiritual essence is the depth of truth.

Within him dwells the infallible witness of what he is.

From ancient times until today his name had not passed away.

He gives existence to all beings, but his name goes not with them.

How do I (Laou Ts) know it is thus with all being?

I know it by the Taou.

第二十一章

大"德"可察觉到的种种形式，皆是从"道"产生。

看哪！这是"道"的成熟状态。

它是模糊的；它是混杂的。

它是多么混杂啊！它（又）是多么模糊啊！

在它的里面，有着万物的模型和形象。

它是模糊的！它是神秘的！

在它的里面，有着万物的模型和材质。

它是深不可测的！它是神秘的！

在它的里面，有着精神的实质。

它的精神实质，便是真理的深渊。

在它的里面，有着"它是什么"的绝对可靠的见证。

从古至今，它的名字永不逝去。

它给予万物以实体，但它的名字并不伴随着他们。

我（老子）怎么知道万物是这样的？

我是从"道"认识到的。

益谦章第二十二

曲则全，枉则直，

洼则盈，敝则新，

少则得，多则惑。

是以圣人抱一为天下式。

不自见，故明；

不自是，故彰；

不自伐，故有功；

不自矜，故长。

夫惟不争，故天下莫与之争。

古之所谓曲则全者，岂虚言哉！

诚全而归之。

Chapter Twenty Second

That which is incomplete becomes entire.

That which is bent becomes straight.

That which is empty becomes full.

That which is old becomes new.

With few (desires) one acquires the " Taou" , which many desires one wanders from it.

From whence , it comes that the holy man preserves unity (the " Taou") and is a model to the world.

He does not please himself in the light, for this reason he is enlightened.

He does not approve himself, for this reason he obtains great éclat. ①

He does not applaud himself, for this reason he has merit.

He does not glorify himself, for this reason he is superior (to others) .

He does not strive, for this reason there is no one in the Empire able to contend with him.

The axiom of the ancients " that which is incomplete becomes entire", was this an expression void of sense?

When a man is truly perfect, the world submits to him.

第二十二章

那些不全的，会变得完全。

那些弯曲的，会变得笔直。

那些空虚的，会变得圆满。

那些老旧的，会变得崭新。

欲望少的人，则能得"道"；

欲望太多的人，则会远离"道"。

正因为这样，圣人坚守"道"（即"抱一"，形神统一），作为天下的范式。

他不自我赞扬，因而能得到启蒙。②

他不自以为是，因而能得到显赫的成功。

他不自我夸耀，因而他有功德。

他不自我美化，因而他（比他人）更优秀。

---

① 此句法译本为："Il ne s'approuve point, c'est pourquoi il jette de l'éclat."法语词"l'éclat"（火花、明亮），即近于英语词"shine/brightness"（彰）之义。

② 此句译文中有"in the light"（在阳光之下/在……的启发之下），没有译出，这个词组与后半句中"enlightened"（被启发/被启蒙、开明的）对应，但两词都没有译出"阳光"或"光线"一义，故而略去。

他不与人竞争，正因为这样，天下没有人能与他竞争。

古人的格言"那些不全的，会变得完全"（委曲可以保全），怎会是一种没有理性的空话呢！

当一个人是真的完美时，天下便归服于他。

虚无章第二十三

希言，自然。

飘风不终朝，骤雨不终日。

孰为此者？天地。

天地尚不能久，而况于人乎？

故从事于道者，同于道；德者，同于德；失者，同于失。

同于道者，道亦得之；

同于德者，德亦得之；

同于失者，失亦得之；

信不足焉，有不信焉。

Chapter Twenty Third

He who never speaks will (arrive) at non – entity ("non – agir") .

A hurricane does not continue a whole morning.

Violent rain does not last all day.

What has produced these two things? Heaven and Earth.

If Heaven and Earth are not eternal, much less is man eternal.

He who gives himself up to the Taou is identified with the Taou.

He who gives himself up to virtue is identified with virtue.

He who gives up himself to the crime is identified with (the shame) of crime.

He who is identified with the Taou gains the Taou.

He who is identified with virtue gains virtue.

He who is identified with crime gains the shame of crime.

If one does not firmly believe in the Taou, he will end in not believing at all（in the Taou）.

第二十三章

从来不言（教令）者，会达到"无为"（的境界）。

飓风刮不了整个早晨。

暴雨下不了整天。

是什么制造了两者？是天和地。

倘若天地都不能长久，人更是不能长久。

倘若用心于"道"，则同于"道"。

倘若用心于"德"，则同于"德"。

倘若用心于罪恶，则同于"罪恶"（的耻辱）。

同于"道"的人，会得到"道"。

同于"德"的人，会得到"德"。

同于罪恶的人，会得到罪恶之耻。

假如一个人不坚信"道"，他终将不信（"道"中的）任何事物。

苦恩章第二十四

跂者不立，跨者不行。

自见者不明；自是者不彰；

自伐者无功；自矜者不长。

其于道也，曰余食赘行。

物或恶之，故有道者不处也。

Chapter Twenty Fourth

He who raises himself upon his toes cannot stand upright.

He who extends his limbs cannot walk.

He who holds only to his own perceptions is not enlightened.

He who approves himself is not brilliant.

He who boasts of himself has no merit.

He who glorifies himself will not continue long.

If one judges of such conduct according to the Taou, he will compare it to excrements or to a hideous goiter which inspires men with constant disgust.

For this reason they who possess or imitate the Taou will not follow such conduct.

第二十四章

踮起脚尖的人，不能站得笔直。

延长其肢体（脚）的人，无法（正常地）行走。

自逞己见的人，不能得到启蒙。

自我赞扬的人，反是不够出色。

自我夸耀的人，反是没有功德。

自我美化的人，反是不会长久。

倘若有人根据"道"来评断此类行为举止，他会将其比之于粪土或者令人厌恶不已的毒瘤。

正因为这样，那些得"道"或者效仿"道"的人，是不会跟着做那样的事情的。

象元章第二十五

有物混成，先天地生。

寂兮寥兮，独立而不改。

周行而不殆，可为天下母。

吾不知其名，字之曰道。

强为之名曰大。

大曰逝，逝曰远，远曰反。

故道大，天大，地大，王亦大。

域中有四大，而王居其一焉。

人法地，地法天，天法道，道法自然。

Chapter Twenty Fifth

The Taou is indescribable, he existed before the Heaven and the Earth.

O, he is calm! O, he is immaterial! He subsists alone, he changes not.

He is in all places; he is never exposed to danger.

(He elevates himself to the Heaven. He penetrates the deepest abyss of the Earth. He is in the heat of the sun, but it burns him not. Heaven and Earth and man and all creatures depend upon him for existence.)[①]

---

① 括号为辑者所加，原稿所无。这段英译来自法译本注释。两者皆源自河上公本注释。河上公本（第101页）有释，"道通行天地，无所不入，在阳不焦，托阴不腐，无不贯穿，不危殆也"。又，儒莲法译本（第93页）有注释七法译文为："Il se répand au milieu du ciel et de la terre et dans le sein de sous les êtres; il est la source de toutes les naissances, la racine de toutes les transformations. Le ciel, la terre, i'homme et toutes les autres créatures, ont besoin de lui pour vivre."

He may be regarded as the mother of the universe.

Me, I know not him name.

In order to give him a title, I call him the Way / Taou.

<u>*In forcing myself to give him a name, I call him "great".*</u> [①]

From "great", I call him "fleeing away".

From "fleeing away", I call him "far off".

From "far off", I call him the being "who returns".

Therefore the Taou is great, the Heaven is great, the Earth is great, and the king is great.

In the world where are four great things and the king is one.

Man imitates the Earth; the Earth imitates Heaven; the Heaven imitates the Taou; the Taou imitates his own nature.

第二十五章

"道"是无法被描述的，在有天地之前它便已存在。

啊，它是宁静的！啊，它是无形的！它独立长存，它永不更改。

它无处不在。它从不会暴露于危险中。

（它提升自己上天；它渗入地之深渊；它于太阳的光焰中，但又不会被灼伤。天、地、人，以及万物，都依靠它而存在。）

它可能会被认作是宇宙之母。

而我，我并不知道它的名号。

为了给它取个名号，我称它为"道"。

我勉强为其取个名，我称它为"大"。

从"大"（看），我称它为"飞逝"。

从"飞逝"（看），我称它为"遥远"。

从"遥远"（看），我称它为"回归的存在"。

---

① 下画线为原稿所有，下句同。

因而，道是大，天是大，地是大，王者亦是大。

世上有四大事物，而王者只是其中之一。

人效法于地，地效法于天，天效法于道，（而）道效法于其本性。

重德章第二十六

重为轻根，静为躁居。
是以圣人终日行不离辎重。
虽有荣观，燕处超然。
奈何万乘之主，而以身轻天下？
轻则失臣，躁则失君。

Chapter Twenty Sixth

The heavy is the root of the light.

The calm is the master of motion.

From whence, it comes that the sage walks always in the Taou, and is always grave and quiet.

Though possess magnificent palaces, he remains calm and makes no account of them.

But alas! The master of ten thousand chariots conduct themselves lightly in the empire.

By a light and frivolous conduct they lose their masters; by yielding to their passions they lose their throne.

第二十六章

重是轻的根本。

静是动的主人。

正因为这样,圣贤一向在"道"中行走,一向沉稳而安静。

尽管他拥有庄严的宫殿,但他保持安然,从不提及它们。

但是啊!天下间,(拥有)万辆战车的主人,却往往会轻举妄动。

因为轻举妄动,他们失去了能臣;因为屈服于他们的激情,他们失去了王位。

巧用章第二十七

善行无辙迹；

善言无瑕谪；

善计不用筹策；

善闭无关楗而不可开；

善结无绳约而不可解。

是以圣人常善救人，故无弃人；

常善救物，故无弃物。

是谓袭明。

故善人者，不善人之师；

不善人者，善人之资。

不贵其师，不爱其资。

虽智大迷。是谓要妙。

Chapter Twenty Seventh

He who knows how to walk (in the Taou) leaves no traces.

He who knows how to speak (in the Taou) commits no faults.

He who knows how to count needs no instruments of calculation.

He who knows how to shut need use no bolts, and it is impossible to open it.

He who knows how to tie (anything) need use no cords, and it is impossible to untie

it.

(That is if a man walks in the doctrine of Taou, his steps will be secure, his words

faultless, he will imprison his passions, enchain the desires of his heart, so that no one co-

uld induce him to do wrong).①

From whence, it comes that the holy man constantly endeavors to save men and not-abandon them to themselves.

He endeavors constantly to save beings, this is why he does not abandon beings.

He is called doubly wise, brilliant yet brilliant.

For this reason a virtuous man has empire over those who are not virtuous.

The man who is not virtuous is the aid of a virtuous man.

If the one esteems not his master, and loves not the others who aids him, though they may be endowed with great prudence, I would regard them as stuck with blindness.

Behold! This is most important and most mysterious.

第二十七章

善于（在道中）行走的人，不留痕迹。

善于（在道中）言谈的人，不会犯错。

善于计算的人，不需要用计算的工具。

善于关闭（门）的人，不用门闩，却能使人开不了门。

善于捆缚（任何东西）的人，不需要用绳索，却能使人无法解开。

（因此，倘若有人沿着"道"的教义走，他的步伐必定安全，他的言辞必定毫无瑕疵，他将约束其激情，控制其心灵的欲望，所以没人能诱惑他去做坏事。）

正因为这样，圣人时常竭力去拯救他人，而不会任他们放纵自己。

他时常竭力去拯救众生，故而从不遗弃众生。

他被称为智者中的智者、比有才能者更才华横溢。

因此，一个有德之人拥有天下，要胜过那些无德之人（拥有天下）。

无德之人，要做有德之人的助手。

倘若那些人，不尊重其主人、不珍惜其主人的助手，即使他们有天赐的精明，我仍然认为他们已困于盲见。

看哪！这是最重要、最神秘的（知识）。

---

① 此句是英译本译者自加，法译本所无。

反朴章第二十八

知其雄，守其雌，为天下溪。

为天下溪，常德不离，复归于婴儿。

知其白，守其黑，为天下式。

为天下式，常德不忒，复归于无极。

知其荣，守其辱，为天下谷。

为天下谷，常德乃足，复归于朴。

朴散则为器，圣人用之，则为官长。

故大制不割。

Chapter Twenty Eighth

He who knows his strength and guards against his weakness is the valley of the empire.

If he is the valley of the empire, constant virtue will not abandon him and he will return to the state of a child (i. e. primitive simplicity) .

He who possesses great knowledge and knows how to appear ignorant is the model of the empire.

If he is the model of the empire, constant virtue will never leave him and he will attain to the perfection of purity.

He who knows what he possesses glory and honor, and appears covered with opprobrium and dishonor is also the valley of the empire.

If he is the valley of the empire, his constant virtue will touch perfection, and he will arrive at the perfect simplicity of the Taou.

When the perfect purity of Taou is spread abroad, it gives existence to beings.

When a holy man is elevated to employment, he becomes chief magistrate, he governs wisely and wounds no person.

He governs the empire by the great Taou and does not evil to anyone.

第二十八章

谁若知道其强势，又能防护其弱势，便能成为天下的溪谷。

倘若他是天下的溪谷，永恒的美德便不会抛弃他，而他将会回复到婴儿的状态（即原始的简朴）。

谁若拥有大量的知识，也知晓如何做到（表面）若愚，他就能做天下的模范。

倘若他是天下的模范，永恒的美德将不会抛弃他，他将会达到纯粹而完美（的状态）。

谁若深知他拥有的荣誉是什么，而能用耻辱和侮辱来掩盖，他也是天下的溪谷。

倘若他是天下的溪谷，他永恒的"德"，会达到完满，而他将达到"道"的简朴完美（状态）。

当完美简朴的"道"发散至四方，便衍生了万物。

当圣人被征用成为百官的首长，他就会英明统治，不伤害任何人。

他用伟大的"道"来治理天下，也不会对任何人做坏事。

无为章第二十九

将欲取天下而为之，吾见其不得已。

天下神器，不可为也。

为者败之，执者失之。

故物或行或随，或虚或吹；或强或羸，或挫或隳。

是以圣人去甚，去奢，去泰。

Chapter Twenty Ninth

If a man attempts to govern the empire perfectly, he will not succeed.

The empire is like a divine vase upon which man should not attempt to work.

If he works upon it, he destroys it.

If he grasps it, he loses it.

Such is the mutual apposition and natural inequality among beings. ①

Some walk before, and others follow.

Some are warm and some are cold (in their temperament) .

Some are strong and some are feeble.

Some are active and some are not active.

It is better to leave all to follow their innate impulsions.

For this reason a holy man renounces all excess-i. e. music, voluptuous, pleasures-all luxury-i. e. what is the splendor of costly robes and delights of the tables-all magnificence-

---

① 此句原典所无，出于法译本（第 110 页）本章注释四："Telle est l'opposition mutuelle et l'inegalite naturelle des êtres. "

i. *e. the magnificent palaces*: *pleasure grounds*, *towers and belvedere.* ①

Having renounced these three things excess luxury and magnificence, *he practices the* "*non – agir*" *and the empire is converted to him.*

第二十九章

倘若有人（竭力地）试图要完美地治理天下，他将无法成功。

天下如同一个神圣的容器，人不能（出于强力）征用它。

倘若有人（出于强力）征用它，便会毁掉它。

倘若有人（贪婪地要）抓住它，便会失去它。

这是万物之间的相互对抗和自然变动（的规律）。

有的前行，有的后随。

有的热，有的冷（在他们的温度方面）。

有的强壮，有的羸弱。

有的活跃，有的不活跃。

最好是让万物跟随着他们的内在动力。

因此，圣人抛弃了所有多余的（比如，音乐、色欲、愉快）、所有奢侈的（比如华丽而昂贵的长袍和宴席上的美食）、所有壮丽伟大的（东西）（比如庄严的宫殿：美丽的地面、塔楼和观景楼）。

抛弃了这三种过度的奢华和华丽之后，他践行"无为"，则天下会归顺于他。

---

① 英译译者从法译本的注释中选取了对应的解释，将其杂揉进了英译译文中。详见法译本（第110、111页）本章注释五。

俭武章第三十

以道佐人主者，不以兵强天下。

其事好还。

师之所处，荆棘生焉。

大军之后，必有凶年。

善者果而已，不敢以取强。

果而勿矜，果而勿伐，

果而勿骄，果而不得已，果而不强。

物壮则老，是谓不道，不道早已。

Chapter Thirtieth

The master of man ought to practice non – entity, [1] but ordinarily they who aid him (his minister) give themselves up to action and subjugate the empire by arms.

Whatever men do to men, they will receive the like from them.

Wherever an army is stationed, the land brings forth thorns and brambles.

The consequence of great wars is years of famine.

A ruler of great virtue strikes a decisive blow and stops, he dares not think to subjugate the empire by force of arms.

He strikes decisive blow and boasts not of it

He strikes decisive blow and glorifies not himself.

---

① "non-entity"（无形）一词，法译本作"Taou"（道），法译本注释又作"non-agir"（无为）。

He strikes decisive blow and is not proud of it.

He strikes decisive blow and does not combat except from necessity.

He strikes decisive blow and does not wish to appear strong.

That which is flourishing, fails not to perish, – such is the nature of all things.

This is not imitating the Taou.

That which does not imitates the Taou will soon perish.

第三十章

人民的主人，应当践行"无为"，但是通常辅助他的人（他的宰相）却轻举妄动，用兵力逞强于天下。

每当人们对他人做什么事之后，他们会收到相似回报。

每当军队（在某地）驻扎之后，土地上便长满了荆棘。

大战之后的结果，便是连年的饥荒。

（有）大德的统治者，只做决定性的一击便停止，他不敢逞强用兵，去征服天下。

他做了决定性的一击之后，不自我夸耀。

他做了决定性的一击之后，不自我美化。

他做了决定性的一击之后，不再战斗，除非迫不得已。

他做了决定性的一击之后，不愿显得强壮。

凡是气势壮盛的，终是难免消亡——这是万物的本性。

这是（因为）不效仿"道"。

凡是不效仿"道"的，将会很快消亡。

偃武章第三十一

夫佳兵者，不祥之器。

物或恶之，故有道者不处。

君子居则贵左，用兵则贵右。

兵者，不祥之器，非君子之器。

不得已而用之，恬澹为上。

胜而不美，而美之者，自乐杀人。

夫乐杀人者，则不可以得志于天下矣。

故吉事尚左，凶事尚右。

偏将军居左，上将军居右。

言以丧礼处之。

杀人之众，以悲哀泣之。

战胜，以丧礼处之。

Chapter Thirty First

The most excellent weapons of defense are only instruments of misfortune.

The man detests them. For this reason he who possesses the Taou is not attach to them.

In times of peace the sage esteems the left hand; he who makes war esteems the right.

Weapons are the instruments of misfortune.

They are not the instruments of the sage.

He only uses them when it is necessary.

But prefers calm and repose.

If he triumphs, he does not rejoice.

If he rejoices, he would love to kill men.

He who loves to kill men could not succeed in governing the empire.

In happy events one prefers the left, in unhappy events one prefers the right.

The officers second in command occupies the left; the general in chief occupies the right.

I wish to say his place is at funeral ceremonies.

In ancient times the general who returned from victory wore mourning, and placed himself in the temple by the side of him who presided at funeral rites. [①]

He who has killed a multitude of men ought to weep over them, tears of blood.

He who conquers in war ought to take his place at funeral rites.

第三十一章

用来防卫的最好兵器，只是不祥的工具而已。

人民都厌恶它。因此，懂得"道"的人，不会仰赖于它。

在和平之时，圣贤以左方为贵，用兵时以右方为贵。

兵器是不祥的工具。

它们不是圣贤的工具（手段）。

圣贤只在迫不得已时才使用它们。

然而，他们更喜欢淡泊宁静。

倘若他胜利了，他不会得意扬扬。

倘若他得意扬扬了，他便是喜欢杀人。

倘若他喜欢杀人，他便不能成功地治理天下。

喜庆的事情，人们以左方为上；而凶丧的事情，以右方为上。

居于第二位的领导人（偏将军）位于左边，而总首领（上将军）位

---

① 此句取自法译本（第 119 页）本章注释十二："Dans l'antiquité, quand un général avait remporté la victoire, il prenait le deuil. Il se mettait (dans le temple) à la place de celui qui préside aux rites funèbres, et, vêtu de vêtements unis, il pleurait et poussait des sanglots."

于右边。

这是说，他（上将军）的位置，是在丧礼的一方。

在古代，从战场上胜利归来的将军，都是满心悲痛，再将自己投身于寺庙之中，由主持丧礼的人相伴。

杀人众多者，应当为他们（被杀者）哭泣，流下带着血的眼泪。

通过战争征服（对方）的人，应当置身于丧礼的位置。

圣德章第三十二

道常无名。

朴，虽小，天下不敢臣。

侯王若能守，万物将自宾。

天下相合，以降甘露，民莫之令而自均。

始制有名，名亦既有。

夫亦将知止，知止所以不殆。

譬道之在天下，犹川谷之与江海。

Chapter Thirty Second

The Taou is eternal, and has no name.

[If I (Laou Ts) call him Taou, it is only because I am forced to give a name to that which had no name.]①

Though his nature is imponderable the whole world would not subjugate it.

If the vassals and the king could preserve him, all being would voluntarily submit to them.

The Heaven and the Earth unite and make the gentle dew to descend; and the quiet themselves without being disordered.

When Taou divided himself he had a name.

This name being established, it was necessary to know to retain it.

---

① 此句为法译本（第 121 页）本章注释一："Si on l'appelle Tao, c'est uniquement parce qu'on s'est efforcé de donner un nom à ce qui n'a pas de nom. "

He who knows how to redeem it will never perish.

The Taou is spread throughout the universe.

All beings return to him as the rivers and rivulets of the mountains return to the large rivers and seas.

第三十二章

道是永恒的，但又没有名字。

〔倘若我（老子）称它做"道"，只是因为我被迫给无名的它命名。〕

虽然它的本性难以估摸，这整个世界却不能征服它。

倘若诸侯和王者，能够守住它，万物将会向他们归服。

天地相合后，降下甘露；它们使自己安静下来，不会失去秩序（失调）。

倘若"道"分化其自身，它便有了名字。

名字一旦被确立，便有必要懂得去保存它。

知道如何赎回（"道"）的人，便永不消亡。

"道"，散布全宇宙。

万物都向它回归，便如大小河流回归到大江大海。

辨德章第三十三

知人者智，自知者明。

胜人者有力，自胜者强。

知足者富。

强行者有志。

不失其所者久。

死而不忘者寿。

Chapter Thirty Third

He who knows men is wise.

He who knows himself is brilliant.

He who conquers men is powerful.

He who conquers himself is strong.

He who suffices for himself is rich.

He who has perseverance is endowed with a firm will.

He who lives according to nature will live a long time.

When he dies his soul will not perish, he will enjoy eternal longevity.

The wise man regards life and death as the morning and evening.

He lives yet he does not attach himself to life; he dies, but does not perish.

For this reason it is called (eternal) longevity. ①

---

① 最后三句为原典所无，出于法译本（第126页）本章注释五："Li‐si‐tchai: Le sage regarde la vie et la mort comme le matin et le soir. Il existe et ne tient pas à la vie; il meurt et ne périt pas. C'est là ce qu'on appelle la longévité."

第三十三章

知晓他人的人，是有智慧。

知晓自己的人，才算高明。

征服他人的人，勇武有力。

征服自己的人，才算强大。

能自我满足的人，便可算是富有。

能努力不懈的人，有坚定的意志。

而能遵从本性生活的人，会活得很长。

身体逝世而灵魂不朽的人，能享受到真正的长寿。

智者将生与死，看作是早晨和黄昏。

他活着，但又不会过分附着于生活；他死了，但又不会消亡。

因此，这才叫永恒的寿命。

任成章第三十四

大道泛兮，其可左右。

万物恃之以生而不辞，功成而不名有。

衣养万物而不为主。

故常无欲，可名于小矣；

万物归焉而不为主，可名为大。

以其终不为大，故能成其大。

Chapter Thirty Fourth

The Taou extends himself everywhere; he is able to go to the right and go the left.

All beings depend on him for existence and he does not replace them.

When his merits are accomplished (i. e. when he has formed and nourished all beings), he does not attribute his merits to himself. [1]

He loves and nourishes all beings and does not regard himself as their master.

He is constantly without desire; he is called ethereal (or small) .

All beings submit to him, and he does not regards himself as their master; he is called grand.

For this reason the holy man throughout his whole life does not call himself grand, and this is why he can accomplish great things.

His heart resembles the Taou, though his virtue is very great he never regards himself great.

For this reason he is great, and accomplishes great things.

---

① 本句括号内注释出自法译本（第128页）本章注释四："Lorsque les créatures sont nées et formées, c'est au Tao qu'appartient le mérite de les avoir produites et nourries. "

第三十四章

大"道"泛溢四处，能左能右（即无所不到）。

万物依赖着它而生长，而它也毫不推辞。

它的功德完满后（即当它赋形万物并滋育万物），它不自恃有功。

它热爱并滋养万物，但是它并不自恃为万物的主宰。

它一向保持无欲。（因而）可称它为"虚飘的"（或"小"）。

万物皆臣服于它，但是它并不自恃为万物的主宰。它可称为"大"。

正因为这样，圣人终其一生，不自称为"大"，故而它能成就大事业。

它的心，效仿"道"，尽管它的德行非常大，它从不自称为"大"。

正因为这样，它是伟大的，能成就伟大的事业。

仁德章第三十五

执大象，天下往。

往而不害，安平泰。

乐与饵，过客止。

道之出口，淡乎其无味。

视之不足见，听之不足闻，用之不足既。

Chapter Thirty Fifth

The holy man preserves the great likeness (of the Taou) , and all beings in the empire gather around him.

They cluster around him and he does them no evil.

He procures for them peace and calmness and repose.

Music and exquisite viands retain the stranger as he passes along.

But when the Taou opens his mouth they are insipid and without flavor.

One looks at him , but he cannot see him.

One listens to him , but he cannot understand.

One uses him , but he is never exhausted.

第三十五章

圣人持"大""象"（与"道"相似），故而天下万物，皆归附于它。

他们簇拥着它，而它不会伤害他们。

它为他们促成和平、宁静和安泰。

音乐和美食，能使路过的陌生人止步。

而"道"开口表述，却了无生气、索然无味。

人们看它，却看不见它。

人们听它，却听不懂它。

人们用它，却永远耗不尽它。

微明章第三十六

将欲噏之，必固张之；

将欲弱之，必固强之；

将欲废之，必固兴之；

将欲夺之，必固与之。

是谓微明。

柔弱胜刚强。

鱼不可脱于渊。

国之利器不可以示人。

Chapter Thirty Sixth

When a creature is on the point of contracting itself, one knows certainly that it has had an expansion.

Is a being on the point of enfeebling itself, one knows certainly that it originally had some strength. ①

Is it on the point of fading away, one knows with certainty that originally it had some splendor.

Is it on the point of being despoiled of everything, one knows certainly that in its origin it was loaded with gifts.

This is a doctrine hidden and yet resplendent.

---

① 此句为倒装句，原型应是："If a being is on the point of enfeebling itself, one knows certainly that it originally had some strength." 下面的情况相同。

That which is soft triumphs over that which is hard.

A fish ought not to leave the water; weapons of the war ought not to be in the sight of the people.

第三十六章

当一种生物自己收缩到一定程度，人们肯定知道它曾经得到扩张。

当一种东西自己削弱到一定程度，人们肯定知道它原来就有力量。

当它逐渐失去光泽到一定的程度，人们肯定知道它原来就有辉煌。

当它到了被剥夺所有的那种程度，人们肯定知道它原来拥有甚丰。

这种教义是秘而不宣的，然而光芒万丈。

这即是，柔弱往往要胜过刚强。

鱼不能离开水域；战争的兵器，不能随便显现于人民眼前。

为政章第三十七

道常无为而无不为。

侯王若能守，万物将自化。

化而欲作，吾将镇之以无名之朴。

无名之朴，亦将不欲。

不欲以静，天下将自正。

Chapter Thirty Seventh

The Taou never moves, yet there is nothing that he cannot do.

If kings and subjects could preserve him, all beings would be converted to them.

Being converted to them, if they wishes to go from them, I would contend against them and restrain them by the aid of the Taou.

The indecompounded being[①] *who has no name and it is not necessary to desire him.*

The absence of desires procures repose.

This absence of desires being spread throughout the empire.

The empire rectifies itself.

---

① 此处词组"indecompounded being"，遍查法译本，也没有相对应的词组，似乎是英译译者专用。"indecompounded"，一词未知其义，或是"decompounded"［再分解/混合、不完美（韦伯字典解为"imperfect"）］一词的反义，即"不能分解"。

第三十七章

"道"永恒"无为"（不妄动），然而没有什么是它做不了。

倘若侯王和诸臣能持守它，万物自然便会归顺于他们。

人民归顺于侯王之后，倘若他们欲远离侯王，我将用"道"来抗衡和镇压他们。

不能分解的存在物（真朴）没有名字，也没有必要欲求它。

没有贪欲，便能获得宁静。

没有贪欲的存在，散布遍全天下。

天下将会自我更正。

论德章第三十八

上德不德，是以有德。

下德不失德，是以无德。

上德无为而无以为。

下德为之而有以为。

上仁为之而无以为。

上义为之而有以为。

上礼为之而莫之应，则攘臂而扔之。

故失道而后德，失德而后仁，失仁而后义，失义而后礼。

夫礼者，忠信之薄，而乱之首也。

前识者，道之华，而愚之始也。

是以大丈夫处其厚，不处其薄；居其实，不居其华。

故去彼取此。

Chapter Thirty Eighth

Men of superior virtue are ignorant of their virtue. This is why they have virtue.

Men of little virtue forget not their virtue, therefore they have no virtue.

Men of great virtue practice it without thinking of it.

Men of little virtue practice with intention （or effect）.

Men of great benevolence practice it without thinking of it.

Men of superior equity practice with intention.

Men of great urbanity practice （it） and no one responds to them.

Then they employ violence to compel men to give them homage.

For this reason, one has something of virtue after having lost the Taou, and of humanity after having lost virtue; of equity after having lost humanity.

Urbanity is only the outside of truth and sincerity.

It is source of disorder (i. e. mere urbanity).

False knowledge is only the flower of Taou and principle of ignorance.

For this reason a great man attaches himself to the solid and leaves the superficial.

He esteems the fruit and leaves the flower.

He rejects one and adopts the other.

第三十八章

有至高无上之"德"的人，不知其德。这也是为何他们有德。

有甚少德行的人，却忘不了他们的德行，因而没有什么德行。

有大"德"的人，践行"德"，而不曾想到它。

少有德行的人，践行"德"，却往往出于某种目的（或效果）。

有大"仁"的人，践行"仁"，而不曾想到它。

那些非常公正（有大"义"）的人，践行公义时，往往带有目的。

那些非常文雅有礼的人，践行"礼"，却没有人响应他们。

因而，他们采取暴力，迫使人民效忠。

正因为这样，人民失去"道"之后，才有了"德"，失去"德"之后，才有了"仁"，失去"仁"之后，才有了"义"。

"礼"只是在真理和诚信之外围。

这是失序（祸乱）的开始（即仅仅有"礼"）。

错误的知识，只是"道"的花朵和无知的原理。

正因为这样，伟大的人物，依附于真实可靠的，而远离浮华的。

他珍爱果实，而丢弃花朵。

他去彼（舍弃浮华）取此（采取厚实）。

法本章第三十九

昔之得一者：

天得一以清；

地得一以宁；

神得一以灵；

谷得一以盈；

万物得一以生；

侯王得一以为天下贞。

其致之一也。

天无以清，将恐裂；

地无以宁，将恐发；

神无以灵，将恐歇；

谷无以盈，将恐竭；

万物无以生，将恐灭；

侯王无以贞而贵高，将恐蹶。

故贵以贱为本，高以下为基。

是以侯王自称孤、寡、不谷。

此非以贱为本邪？非乎？

故致数车无车。①

不欲琭琭如玉，珞珞如石。

---

① 此句与河上公本同，王弼注本（第106页）另作"故致数舆无舆"。

Chapter Thirty Ninth

Behold, *the things which of old have obtained unity.*

The Heavens are pure because they have obtained unity.

The Earth is in repose because it has obtained unity.

Minds are endowed with divine intelligence because they had obtained unity.

Valleys fill themselves because they have obtained unity.

※ ※ ※[1] (*The ten thousand beings are born because they have obtained unity.*)[2]

Princes and kings are the models of the world because they have obtained unity.

Behold, *what unity has produced*!

If the Heaven loses its purity, *it is thrown into disorder.*

If the Earth loses its repose, *it is crumbled in pieces.*

If spirits lose their divine intelligence, *they would be annihilated.*

If the valleys no longer filled themselves, *they would be dried up.*

For this reason if you decompose a chariot, *it is no longer a chariot.* [3]

A wise man does not wish to be esteemed as a precious jewel, *nor does he desires to be despised as a stone.* [4]

If the ten thousand beings were no longer nourished (*by the unity or the Taou*), *they would soon become extinct.*

If princes and kings are proud of their nobleness and elevation, *and cease to be models to the world*, *they will soon be over thrown.*

For this reason, *nobles regard themselves of low birth.*

Elevated men regard baseness of condition as their foundation.

Form where it comes that princess and kings call themselves orphans, *men of little*

---

[1] 此处缺少了"万物得一以生"一句的翻译，法译本作："Les dix mille êtres naissent parce qu'ils ont obtenu l'Unité."

[2] 此句为笔者根据上下文的句式和句义而补入。

[3] 不知此句源自何处。法译本也无。

[4] 此句对应的原文是："故致数车无车。不欲琭琭如玉，珞珞如石。"故应置于此章之最后。

merits, *men destitute of virtue.*

Do they not show by this they regard themselves of low origin? And they have reason.

（此章翻译文句前后排列有错，详见注释。）

第三十九章

看哪！但凡古老的事物，都能得到统一。

天是纯粹的，因为它得到了统一。

地是宁静的，因为它得到了统一。

心神有天赐的圣智，因为它们得到了统一。

溪谷自身充盈，因为它们得到了统一。

※※※万物化育，因为得到了统一。

侯王成为天下的榜样，因为他们得到了统一。

看哪！"统一"催生出了什么啊！

倘若天失去其纯粹，便会陷入失序。

倘若地失去其宁静，便会崩裂破碎。

倘若心神失去其圣智，它们将会被彻底消灭。

倘若溪谷不再保持充盈，它们将会枯竭。

正因为这样，倘若你拆解了一只战车，它也不会再是战车。

智者不会希望被尊敬如同珠宝，也不愿意被鄙视如同石头。

倘若万物不再被（"统一"或"道"）滋养，他们将会很快灭绝。

倘若侯王自矜其尊贵和高位，并且不再做天下的榜样，他们很快将会被推翻。

因此，贵族应自认为出身低贱。

身居高位者，应认为底层的状况才是他们的根基。

正因为这样，侯王自称其为"孤""寡""不谷"（没有德行）。

这不正显示了他们自认为出身低贱吗？这是有缘由的。

（此章翻译文句前后排列有错，详见上文英文翻译的注释。）

去用章第四十

反者道之动，
弱者道之用。
天下之物生于有，
有生于无。

Chapter Fortieth

When all beings return to "non-entity", the Taou gives them a vital movement.

Feebleness is a function of the Taou (or he constantly makes use of feebleness) .

All beings in the world are born of the being (The Taou being is born of not being) .

Among all the beings of the universe, there is none, but must return to "non-existence" in order to exit a new.

第四十章

当万物回归到"无为"（无实体），"道"便给予他们至关重要的动力。

柔弱，才是"道"的作用（或它经常利用柔弱）。

天下万物，皆生于"那个存在"（道的存在，生于不存在。即

"无"）。

　　宇宙的万物中，有一个"无"，但是为了产生新的（"有"），必须先回归到"不存在"（"无"/无实体）。

同异章第四十一

上士闻道，勤而行之；

中士闻道，若存若亡；

下士闻道，大笑之。

不笑，不足以为道。

故建言有之：

明道若昧；进道若退；夷道若纇。

上德若谷；大白若辱；广德若不足；建德若偷；质真若渝。

大方无隅；大器晚成；大音希声；大象无形；道隐无名。

夫唯道，善贷且成。

Chapter Forty First

When recondite scholars hear the Taou spoken of, they practice it with zeal.

Recondite scholars comprehend what is hidden as well as what it brilliant in the Taou. [1]

They penetrate unto his nature. [2]

For this reason, when they hear him spoken of, they zealously practice (his doctrine).

When scholars of the second order hear speak of the Taou, sometimes they preserve him, sometimes they lose him.

---

① 此句为《道德经》原文所无，是由法译本注解转译。

② 同上。

When scholars of an inferior order hear speak of the Taou, they deride him.

If they did not deride him, he would not merit the name of Taou (i. e. that is inferior scholars/vulgar man seek to know him by the aid of their senses).

But if he were accessible to their gross view, he would lose all his grandeur and no longer merit the name of Taou. ①

For this reason the ancients say he who knows the Taou appears enveloped in darkness.

※※※② (He who goes forward in the Tao is like a man taking a step back.)③

He who is at the height of the Taou resembles a vulgar man.

The man of superior virtue is like a valley.

The man of great purity is like one covered with opprobrium.

The man of immense merit appears struck with stupidity.

The men of solid virtue appear the deprived of activity.

The man who is true and simple appears vile and degraded.

This is a great square (these companions) of which one cannot see the angles; a great vase which appears far from being finished; a great voice of which the sound is imperceptible; a great image of which one cannot perceive the substance.

The Taou hides himself and no person can name him.

He aids other beings and conducts them to perfection.

第四十一章

当高明的学者领悟了"道"时，他们会积极地去践行。

高明的学者能理解"道"中明显的一面，也能够理解其暗隐的一面。

这些内容，都融入他的性情当中。

---

① 此句为《道德经》原文所无，是由法译本注解转译。

② 此处缺少"进道若退"一句的翻译，法译本作："Celui qui est avancé dans le Tao ressemble à un homme arrière."

③ 此句为笔者根据上下文的句式和句义而补入。

因此，当他们领悟了"道"时，他们便积极地去践行其教义。

当次等的学者听闻到"道"时，有时他们持守它，有时则丢弃它。

当低等的学者听到了"道"时，他们则嘲笑它。

倘若他们（低等的学者）不嘲笑它，它便不值得称为"道"（即低等的学者/庸俗的人只通过他们的感觉去理解它）。

但是倘若"道"可以为他们粗浅的视野来理解，"道"便失去了其庄严，也不值得有"道"之名。

因此，古人有言：明白了"道"的人，如同置身于黑暗之中。

※※※（在"道"中前行的人，如同往后退。）

在"道"的顶端的人，反倒像低俗的人。

有至高美德的人，如同低谷。

至纯粹的人，如同披满了耻辱。

居功厥伟的人，反给人留下了愚蠢的印象。

有可信的德行的人，却如被剥夺了活动能力的人。

忠实而单纯的人，却如卑鄙而堕落的人。

巨大的方形，却看不到棱角。

巨大的器皿，却如远未完成。

巨大的声音，反是听闻不到。

巨大的形象，反而感知不到实质。

"道"隐藏了自己，没人能够命名它。

它辅助万物，并引导他们变得完美。

道化章第四十二

道生一，
一生二，
二生三，
三生万物。
万物负阴而抱阳，冲气以为和。
人之所恶，唯孤、寡、不谷，而王公以为称。
故物或损之而益，或益之而损。
人之所教，我义教之。①
强梁者不得其死。
吾将以为教父。

Chapter Forty Second

The Taou has produced one；one has produced two；two has produces three；three has produced all beings.

All beings fly repose and seek action.

An immaterial breath forms harmony.

That which men detest, being called orphans, imperfect, deprived of virtue, the ancient kings willingly called themselves.

For this reason among men they who augment themselves are diminished；they who

---

① 河上公本、王弼注本和法译本皆作"我亦教之"。故而"我义教之"，可能是英译译者将"亦"抄错为"义"字。

humble themselves are augmented or aggrandized.

That which other men teach I also teach.

Violent and inflexible men rarely come to a natural death.

I wish to take their example for the best of my instructions（i. e. men of the world teach to quit weakness for strength，mildness for severity，but I teach to leave the firmness that resists for the mildness that yields to obstacles）.

第四十二章

道生一；一生二；二生三；三生万物。

万物皆负载着宁静，而追求着运动。

一种无形的呼吸，制造出一种和谐。

人们所厌恶的——孤（被称为孤儿）、寡（不完美）、不谷（缺少或丧失德行），古代的君王反而乐意以此称呼自己。

因此，那些增强自己的人反而被减损；那些谦损自己的人反而得到增强或扩张。

别人教的，我也教。

暴力而固执的人，很少能够自然死亡。

我愿意将他们作为我最好的说教。

［即世上之人皆教导为武力而放弃柔弱、为严苛而放弃温顺，但是我却教导要放弃固执，以持守屈从于障碍而温顺（的原则）］。

徧用章第四十三

天下之至柔，驰骋天下之至坚。
无有入于无间。
吾是以知无为之有益。
不言之教，无为之益，天下希及之。

Chapter Forty Third

The softest things in the world subjugate the hardest things in the world (e. g. water is soft yet it overturns mountains and hills) .

The " not being" the Taou penetrates all impenetrable things.

By this I know that the " non – agir" is useful.

In all the universe there are few men who knows how to instruct without speaking and draw profit from not moving.

第四十三章

天下最柔软的东西能征服最坚硬的东西（如水至柔，然而能推翻山川）。

"无"（即"道"）能穿透所有难以穿透的东西。

因此，我知道了"无为"的益处。

天下间很少有人知道：如何不言而施教、无为而得益。

立戒章第四十四

名与身孰亲？

身与货孰多？

得与亡孰病？

是故甚爱必大费；多藏必厚亡。

知足不辱，知止不殆，可以久常。

Chapter Forty Forth

Which touches more nearly, our glory or our person?

Which is more precious to us, our life or our riches?

Which is the greater misfortune, to acquire or to lose them?

He who has strong affections is necessarily exposed to great sacrifices.

He who hides a rich treasure experiences necessary great loss.

The man who suffices for himself is not exposed to dishonor.

He who knows how to decide for himself will never perish.

He will exist for ever.

第四十四章

声名还是肉身，哪一个更为亲近？

生命还是财富，哪一个于我们更为珍贵？

获得还是失去，哪一个是更大的不幸？

情感过度强烈的人，必然要面临很大的牺牲。

藏有丰富宝物的人，必然要经历惨重的损失。

自给自足的人，便不会遭受屈辱。

自知自觉的人，将永远不会毁灭。

它能长久存在。

洪德章第四十五

大成若缺，其用不弊。

大盈若冲，其用不穷。

大直若屈，大巧若拙，大辩若讷。

躁胜寒，静胜热。

清静为天下正。

Chapter Forty Fifth

The holy man is preeminently perfect and he appears full of imperfections; his resources are never used.

He is preeminently full yet be appears empty; his resources are not exhausted.

He is preeminently right and he appears to want rectitude.

He is preeminently ingenious, and he appears stupid.

He is preeminently eloquent and appears unable to speak.

Actions triumphs in cold; repose in heat. [1]

He who is pure and tranquil becomes the model of the universe.

---

① 介词使用有误，应改 "in" 为 "over"，即此句应改为："Actions triumphs over coldness, repose over heat."

第四十五章

圣人极其完美的，然而他表现得像处处残缺，因为他从不用其智谋。

他是极其完满的，然而表现得很虚空，因为他从不竭尽其智谋。

他是极其正确的，然而他似乎希望得到（他人的）纠正。

他是绝顶聪明的，然而他看起来却似愚蠢到家。

他极为能言善辩，然而他看起来却如不善言辞。

躁动胜过寒冷，而冷静胜过狂热。

纯粹而宁静的人，可以为天下人的榜样。

俭欲章第四十六

天下有道，却走马以粪；
天下无道，戎马生于郊。
罪莫大于可欲①；
祸莫大于不知足；
咎莫大于欲得。
故知足之足，常足矣。

Chapter Forty Sixth

When the Taou reigned in the world, horse were only used to cultivate the field.

Since the Taou no longer reigns in the world, horses are used in war upon the frontiers.

There is no greater crime than to deliver oneself up to his desires.

There is not greater misfortune than not being able to suffice for oneself.

There is no greater calamity than the desire of acquiring.

He who knows how to suffer is always content with his fate.

第四十六章

倘若"道"统治天下，马只会被用以耕种田地。

---

① 此句与河上公版本相同，是王弼注本所无。

自从"道"不统治天下，马已被用在战争的前线。

最大的罪孽，莫过于将自己交由欲望驱使。

最大的不幸，莫过于不能满足自己的欲求。

最大的灾祸，莫过于贪得无厌。

知道如何容忍的人，往往满足于自己的命运。

鉴远章第四十七

不出户，知天下；
不窥牖，见天道。
其出弥远，其知弥少。
是以圣人，
不行而知，
不见而名，
不为而成。

Chapter Forty Seventh

Without going out of my house, I know the universe.

Without looking out at my window, I know the ways of Heaven.

The farther off one goes from nature, the less he learns.

For this reason the holy man goes where he desires without walking.

He names objects without seeing them; without moving, he accomplishes great things.

第四十七章

我不用走出门外，便能够知道天下。
我不用望着窗外，便能够知道"天"之道。

越是远离本性的人，他能学到的就越少。

因此，圣人不行走（远离"道"），而能到达他要去的地方。

他能给从没见过的东西命名；他不行动而能完成伟大的功业。

忘知章第四十八

为学日益，为道日损。

损之又损，以至于无为。

无为而无不为矣。

故取天下常以无事。

及其有事，不足以取天下。

Chapter Forty Eighth

He who gives himself up to study, studies each day to increase his knowledge.

He who gives himself up to the Taou, studies each day to diminish his desires.

He diminishes them, and they continually diminish until he arrives at non – entity.

When he practice "non – entity", there is nothing that is impossible.

It is by "non – entity" that one becomes master of the empire.

He who loves to act is incapable of becoming the master of the empire.

第四十八章

用心于"学"的人，每日学习，以增广识见。

用心于"道"的人，每日学习，以减少欲望。

他减少欲望，一直减少到"无为"（的境界）。

当他践行"无为",则万事皆是可能。

正是通过践行"无为",人能够成为天下的主宰。

那些乐于妄动（有为）的人，反而不能成为天下的主宰。

任德章第四十九

圣人无常心，以百姓心为心。

善者，吾善之，不善者，吾亦善之，德善矣。

信者，吾信之，不信者，吾亦信之，德信矣。

圣人在天下，慄慄为天下浑其心。

百姓皆注其耳目。

圣人皆孩之。

Chapter Forty Ninth

The holy man has no immutable sentiments!

He adopts the sentiments of the people.

He who is virtuous, he treats as a virtuous man.

※ ※ ※[1] (He who is not virtuous, he also treats as a virtuous man.)[2]

This is the height of virtue.

He who is sincere, he treats as a sincere man.

He who is not sincere, he also treats as a sincere man.

This is the height of sincerity.

The holy man living in the world remains calm, tranquil and preserves the same sentiments for all.

---

[1] 此处缺少"不善者，吾亦善之"一句的翻译，法译本作："Celui qui n'est vertueux, il le traité aussi comme un homme vertueux. "

[2] 此句为笔者根据上下文的句式和句义而补入。本句与上句中的"he"前后两句所指应该不同。英译译者译错了。

The hundred families (the people) seeing this are astonished, and fix on him their eyes and ears.

The holy man regards the people and nourishes them as he would a child.

第四十九章

圣人没有不变的情感。

他采纳了百姓的情感。

他对待那些有德之人，像个有德之人。

※※※他对那些无德之人，也像个有德之人。

这便是最高的美德。①

他对待那些有诚信的人，像个有诚信的人。

他对待那些没诚信的人，也像个有诚信的人。

这便是最高的诚信。

圣人所处的世界，一向保持镇定、虚静，并对所有的（人事）一视同仁。

百姓（人民）若能看到这个，无不惊讶，耳目专注于他。

圣人对待他们、化育他们，如同（对待和养育）婴孩一般。

---

① 即"至德"，作为人人学习的"榜样"（高度）。下面的例子相同，为"至信"。

贵生章第五十

出生入死。
生之徒，十有三；
死之徒，十有三；
人之生生，动之于死地，亦十有三。
夫何故？以其生生之厚。
盖闻善摄生者，陆行不遇兕虎，入军不被甲兵。
兕无所投其角，虎无所措其爪，兵无所容其刃。
夫何故？以其无死地。

Chapter Fiftieth

A man goes out of life in order to enter death.

There are thirteen causes of life and thirteen cause of death.

Scarcely is he born when some of these thirteen causes of death drag him to the grave.

What is the reason?

It is that he lives with his much intensity.

But I have learned that he who governs his life need fear on his route neither rhinoceros nor tiger.

If he goes to battle, he need wear neither cuirass nor arms.

The rhinoceros knows where to strike his horn; the tiger where to tear with his claws; the solider where to pierce with his sword.

What is the cause of it?

He is secure from death.

The thirteen causes of life are 1. *Vacuity*，2. *Attachment to " non - agir "*，3. *Purity*，4. *Quietude*，5. *Love of obscurity*，6. *Poverty*，7. *Effeminacy*，8. *Feebleness*，9. *Humility*，10. *Charity*，11. *Modesty*，12. *Docility*，13. *Economy.* [①]

The thirteen causes of death are 1. *Plénitude*，2. *Attachment to others*，3. *Impurity*，4. *Agitation*，5. *Desire to shine*，6. *Riches*，7. *Hardness*，8. *Strength*，9. *Pride*，10. *Excess of opulence*，11. *Greatness*，12. *Inflexibility*，13. *Prodigality.* [②]

※辑者按：上文"十有三"的翻译，可能是错误的，其错误衍自儒莲的法译本翻译（上面引注中儒莲的译文）。

"王弼注本"（第134—135页）："十有三，犹云十分有三分。取其生道，全生之极，十分有三耳；取死之道，全死之极，亦十分有三耳。……"其下的校释有，"'亦十分有三分耳'，道藏本及道藏集注本均作：'十分亦有三耳'。"儒莲法译本和本书英译本，皆将其译为"十三种"。现代汉语译本，径为译出，不作订正。

《帛书老子校注》（第65—66页）："朱谦之云：'十有三之说，自韩非子、河上公、碧虚子、叶梦得以四肢九窍为十三。'已涉附会。乃又有以十恶三，叶为'十三'者，如杜广成；以五行生死之数为'十三'者，如范应元；其说皆穿凿不可信。高亨以七情六欲为'十三'，所谓'七情'，指人之喜、怒、哀、惧、爱、恶、欲，'六欲'，指声、色、衣、香、味、室。诸如此类，虽言情至，言数合，似得道家真旨，其实纯出冥思臆测，远背本义。"

第五十章

一个人超脱于生，方能进入死。

生的原因有十三种；死的原因也有十三种。

十三种死因，有的能将他拖进坟墓，故而出生（活着）便属难得。

这是为什么？

---

① 译自儒莲法译本（第184页）本章注二，"Il y à treize causes de vie，c'est à dire treize moyens d'arriver à la vie spirituelle，savoir：la vacuité，l'attachement au non - être，la pureté，la quiétude，l'amour de l'obscurité，la pauvreté，la mollesse，la faiblesse，l'humilité，le dépouillement，la modestie，la souplesse，l'économie."

② 同上。

这是因为他过于迫切地要求生存（反而容易死亡）。①

但是我获知：那些善于掌控自己生命的人，在其路途中并不害怕犀牛或老虎。

倘若他上战场，他也不需要披上护甲、带上武器。

犀牛知道用角攻击哪里，老虎知道用爪撕裂哪里，而士兵也知道剑指何处。

这是为什么呢？

因为他免遭于死亡。

十三种生的原因：1. 虚无；2. 依附"无为"；3. 纯粹；4. 平静；5. 愿意身份低微；6. 贫困；7. 柔弱；8. 无力；9. 谦恭；10. 施舍/慈善；11. 适度；12. 驯服；13. 节约。

十三种死的原因：1. 丰富/茂盛；2. 依附他人；3. 不纯；4. 激动；5. 爱晒（扬才露己）；6. 富有；7. 刚硬；8. 力量；9. 骄傲；10. 过分富裕（不施舍）；11. 伟大；12. 不屈不挠；13. 毫不节制。

---

① "生生"一词，为动宾结构，原义应为"（过分地）奉养生命"。高明《帛书老子校注》引高延第云："富贵之人，厚自奉养，服食药饵，以求长生，适自蹈于死地。此即动而之死者之端。"高明：《帛书老子校注》，中华书局 1996 年版，第 66 页。

养德章第五十一

道生之，德畜之，物形之，势成之。

是以万物莫不尊道而贵德。

道之尊，德之贵，夫莫之命而常自然。

故道生之，德畜之。

长之育之，成之熟之，养之覆之。

生而不有，为而不恃，

长而不宰，是谓玄德。

Chapter Fifty First

The Taou produces beings; virtue nourishes them.

They give them a body and perfect men by a secret influence.

For this reason, all beings return to the Taou and honor virtue.

No person confers on the Taou his dignity, nor on Virtue its nobleness; they possess them eternally in themselves.

For this reason the Taou produces beings, nourishes them, makes them increase, prefects them, ripens them, feeds them, protects them.

He produces them, but does not appropriate them to himself.

He makes them what they are and does not glorify himself.

He reigns over them and leaves them to themselves (free). ①

---

① 第十章有句相似，"He reigns over them, but treats them not as their master." 中译："他统治他们，但又不为其主。"

This may be called mysterious virtue.

第五十一章

"道"生成万物，而"德"化育他们。

它们（道与德）通过神秘的影响，给予万物以形体，并完满他们。

因此，万物回归"道"、荣耀"德"。

没人能赋予"道"以尊贵、予"德"以高洁；它们（道与德）自身永恒地拥有尊贵和高洁。

因此，"道"生成万物、化育万物，使他们增长、完美、成熟，并抚育和保护他们。

它生长万物，但并不据为己有。

它促使万物自我成全，但它不自我夸耀。

它统治他们，但让他们自生自灭。

这便是玄秘的"德"（最高深的德行）。

归元章第五十二

天下有始，以为天下母。

既得其母，以知其子；

既知其子，复守其母，没身不殆。

塞其兑，闭其门，终身不勤。

开其兑，济其事，终身不救。

见小曰明，守柔曰强。

用其光，复归其明，

无遗身殃，是为习常。①

Chapter Fifty Second

The origin of the world (i. e. Taou) has become the mother of the world.

When one knows the mother (the Taou) , one knows its children.

When a man knows the children of the Taou and preserves the Taou unto the end of his life , he is not exposed to any danger.

If a man loses his mouth (i. e say non vain words) , shuts his ears and eyes (against all improper object) to the end of his day , he will experience no fatigue.

But if he opens his mouth , augments his desires to the end of his life , he will not be saved.

He who perceives things the most subtle , is called most brilliant.

He who perceives weakness is called strong.

---

① 此句与河上公本、王弼注本皆同，而法译本另作"是谓袭常"。

He who can make use of the splendor of the Taou and return to his light, need fear no calamity.

This is called brilliant, brilliant, or doubly brilliant. ①

第五十二章

天下的本源（"道"），是天下的母亲。

当人懂得了母亲（"道"），就能懂得其"孩子"（万物）。

当人懂得了"道"的"孩子"，持守"道"直至死亡，他便不会遭遇到任何危险。

倘若一个人失去其口（不说废话），关闭了其耳目（阻止了所有不合道德的事物），终日如是，他将不会感到疲累。

但是倘若他开口，便增添了其欲望以至终老，他将得不到拯救。

谁若能理解最细微的事物，他可被称为"高明"。

谁若能理解柔弱，他便强壮。

谁若能使用"道"的光明，再返照给自己以"光明"，便无须害怕灾祸。

这就是高明、高明，或双倍的高明。

---

① 第二十七章有章句："He is called doubly wise, brilliant yet brilliant."（他被称为智者中的智者、比有才能者更才华横溢。）另，此处法译本为："C'est là ce qu'on appelle être doublement éclairé."可译为："This is called being doubly enlightened."

益证章第五十三

使我介然有知，行于大道，惟施是畏。

大道甚夷，而民好径。

朝甚除，田甚芜，仓甚虚；

服文彩，带利剑，厌饮食，财货有余。

是为盗夸。

非道也哉！

Chapter Fifty Third

If I were endowed with any knowledge, I would walk in the great Way（The Taou）.

The only thing I fear is to act.

*（I desire to recompense virtuous men, but I fear to awaken a hypocritical virtue. I desire to give my confidence to faithful men, but I fear awaken a false loyalty.）*①

*※※※*② *（The Great Way is very smooth, but the people love the trails.）*③

If palaces are splendid, fields are uncultivated, and granaries empty；princes wear

---

① 原稿无括号。对照法译本，可知来自法译本（第 195 页）本章注释二："Je désire récompenser les hommes vertueux, mais je crains de faire surgir une vertu hypocrite；je veux donner ma confiance à des hommes fidèle et loyaux, mais je crains de donner naissance à une fausse loyauté." 笔者英译为："I want to reward the virtuous, but I'm afraid to bring out a hypocritical virtue；I want to give my trust in faithful and loyal men, but I am afraid of giving birth to a false loyalty."

② 此处缺少了"大道甚夷，而民好径"一句的翻译。法译本译为："La grande Voie est très-unie, mais le peuple aime les sentiers。"

③ 此句为笔者根据上下文的句式和句义而补入。

costly robes, carry a sharp sword, feed on exquisite viands, they roll in wealth; this is called glorifying robbery.

It is not practicing the Taou.

第五十三章

倘若我有天赐的智慧，我会在大道上行走（依大道而行事）。

我唯恐轻举妄动。

（我想嘉赏有德之人，但我害怕激起一种虚伪的美德。我愿将我的信任交托给忠诚的人，但我害怕激起一种虚假的忠诚。）

※※※（大道非常平坦，然而人们喜欢捷径。）

倘若宫殿华丽壮观，而田地荒芜未耕，粮仓空空如也；王侯却穿着昂贵的长袍、带着锋利的宝剑、餍足精美的饮食、搜括大量的财富。这便是在美化强盗。

这不是在践行"道"。

修观章第五十四

善建者不拔，善抱者不脱，子孙祭祀不辍。

修之于身，其德乃真；

修之于家，其德乃余；

修之于乡，其德乃常；

修之于国，其德乃丰；

修之于天下，其德乃普。

故以身观身，以家观家，以乡观乡，以国观国，以天下观天下。

吾何以知天下然哉？以此。

Chapter Fifth Fourth

He who is firmly established (in the Taou) need not fear destruction.

He who knows to preserve him need not fear to lose him.

His sons and his grandsons will offer him sacrifices without interruption.

If a man cultivates the Taou within himself, his virtue will become sincere.

If he also cultivates it in his family, his virtue will become great.

If he cultivates it in his village, his virtue will become flourishing.

※ ※ ※ ①

---

① 此处为"修之于国，其德乃丰"一句，未译。法译本此句译为："S'il le cultivé dans le royaume, sa vertu deviendra florissante."而上句法译本为："S'il le cultivé dans le village, sa vertu deviendra étendue."因而，英译者似乎将两句合并，译为一句。若将英译本拆开，并根据上下文句式和句义补入，笔者试译为："If he cultivates in his village, his virtue will become extensive. If he cultivates it in his kingdom, his virtue will become flourishing."因与上句句义相似，故不再译出。

If he cultivates in the empire, his virtue will become universal.

For this reason, from myself I judge other men; from one family I judge other fami-lies; from one village I judge other villages; from one kingdom I judge other kingdoms; from the empire I judge the empire.

How do I know it is "thus and so" in the empire?

I judge by these principles.

第五十四章

善于（在"道"中）有稳固建树的人，无须害怕破坏。

善于持守"道"的人，不会害怕失去它。

他的子孙会不间断地为其献祭。

一个人能用"道"来陶冶自己的身心，其美德便会真实无欺。

倘若他能用"道"来培植其家族，其美德便会显著。

如果他能用"道"来发展其乡邦，其美德便会蓬勃茂盛。

※※※①

倘若他能用"道"来改善天下，其美德便会变得普遍。

故而，我从自己去观照他人；从一个家庭（我家）去观照其他家庭；从一个乡（我乡）去观照其他的乡；从一个国（我国）去观照其他国家；从天下去观照天下。

我如何知道天下"如此、这般"的情况呢？

我正是以这些原则去判断。

---

① 略去的一句，不再译出，请参上一个注解。

玄符章第五十五

含德之厚，比于赤子。

毒虫不螫，猛兽不据，攫鸟不搏。

骨弱筋柔而握固。

未知牝牡之合而朘作，精之至也。

终日号而不嗄，和之至也。

知和曰常，知常曰明。

益生曰祥①，心使气曰强。

物壮则老，是谓不道。

不道早已。

Chapter Fifty Fifth

When a man possesses true virtue, he is like an infant who neither fear the strength of enormous reptiles, the claws of ferocious beasts, nor the talons of birds of prey.

His bones are feeble, his nerves are soft, yet he sieges subject strongly.

※※※② (He does not yet know the intercourse of the two sexes, and yet some

---

① 王弼注本（第146—147页），"益生曰祥"注为"生不可益，益之则夭也"，有校释""夭"，不祥。道藏集注本作'妖'。按《老子》经文'益生曰祥'之'祥'字，易顺鼎说：'祥即不祥。书序云，有祥桑共生于朝，与此祥字同义。'"依"祥"，即"不祥"之解，法译本将该词译"calamité"（英译"calamity"），即灾难。

② 此处为"未知牝牡之合而朘作，精之至也"一句，未译，可能是因为此句描述了性交的缘故。法译本此句译为："Il ne connaît pas encore l'union des deux sexes, et cependant certaines parties (de son corps) éprouvent un orgasme viril. Cela vient de la perfection du semen."笔者根据上下文的句式和句义，以及参照了法语译文而补译了英文版。

parts of the body are having a manly orgasm. This comes from the perfection of semen.）

   He cries all day and his voice changes not.

   This comes from the harmony of the vital force.

   He who knows this harmony could live forever, or be immutable; knowing immutability, he would be brilliant.

   To increase the desires of his heart would be a calamity. ①

   When the heart gives impulsion to vital energy, this is called strength.

   When beings attain perfection, they become old.

   This is called not imitating the Taou.

   He who imitates the Taou will not perish. ②

第五十五章

倘若一个人拥有真正的美德，他就像一个婴孩，不惧巨大毒虫的力量，也不怕凶兽和猛禽的利爪。

他的筋骨是柔的、他的神经是弱的，然而他握东西却很稳固。

（他还不懂两性的交合，然而他身体的某些部分能达到男性的性高潮。这是因为精气已经满了。）

他终日啼哭，但是声音不变（沙哑）。

这是因为他的元气醇和。

谁若能够懂得这种醇和（的道理），便能永恒生存，或不被改变（"常"）。知道了"常"，他就很高明。

增强他心灵的欲望，便会遭殃。

当心灵给予元气动力，这便叫力量。

当事物达到完美，他们就会变衰老。

这叫不懂得模仿"道"。

谁若模仿"道"，便不会消亡。

---

① 此句法译本译为："Augmenter sa vie s'appelle une calamité."此处英译，并不依法译本译文，法语"vie"（life，生），改译为英语"desire"（欲望）。

② 法译本此句"不道早已"译为"Celui qui n'imite pas le Tao périt de bonne heure"，即直译为："不效仿，则早亡。"英译译文，则反过来译，变成了"效仿道者，不会消亡"。

玄德章第五十六

知者不言，言者不知。
塞其兑，闭其门，
挫其锐，解其纷，
和其光，同其尘，
是谓玄同。
故不可得而亲，亦不可得而疏；
不可得而利，亦不可得而害；
不可得而贵，不可得而贱。
故为天下贵。

Chapters Fifty Sixth

The man who knows the Taou speaks not!

He who speaks knows him not.

He closes his mouth.

He shuts his ears and eyes.

He deadens activity.

He disengages his light

He hides his knowledge

He assimilates himself to the vulgar.

One can say such a man resemble the Taou!![①]

---

① "玄同"，被译为"道"，法英两译本相同。河上公本（第217页）"是谓玄同"有解曰："玄，天也。人能行此上事，是谓与天同道也。"

*He is unmoved by favor or disgrace, by profit or loss, by honors or ignoring!*①
*This is why under Heaven there is no man is honorable!*②

第五十六章

懂得"道"的人，不会（轻易地）说出。

说出的人，便不懂得"道"。

他缄口（无言）。

他耳目关闭。

他停缓了所有的举动。

他释放了他的光芒。

他隐藏了他的知识。

他让自己与俗同化。

人们可以说这样的人是在模仿道。

荣辱、得失、贵贱，他都无动于衷。

因而，他是全天下最尊贵的人。③

---

① 此句为意译，源自法译本。法译本所译如是："Il est inaccessible à la faveur comme à la disgrâce, au profit comme au détriment, aux honneurs comme à l'ignominie."

② 这一句的下划线，为原稿所有。此句与法语本不同。法译本所译如是："C'est pourquoi il est l'homme le plus honorable de l'univers."大概应译为："That is why it is the most honorable man in the universe."这样才符合"故为天下贵"之义。英译译文，再次直译成汉语则变成了"故天下无贵人"，与原文有异。也可看作英译译者，对此句的另一种阐释。因为译者为传教士，故而编辑者推测，传教士译者可能认为"人间无高贵之人，唯有基督的天国才有"。这种理解才能说得通为何传教士译者要改译为"故天下无贵人"。

③ 原英译句有误，故而此处根据儒莲的法语译文翻译出。如前注指出，法语译文可英译为："That is why it is the most honorable man in the universe."此句中译即从此出。

淳化章第五十七

以正治国，以奇用兵，以无事取天下。
吾何以知其然哉？以此。
夫天下多忌讳，而民弥贫；
人多利器，国家滋昏；
人多伎巧，奇物滋起；
法令滋彰，盗贼多有。
故圣人云：
我无为，而民自化；
我好静，而民自正；
我无事，而民自富；
我无欲，而民自朴。

Chapter Fifty Seventh

*With righteousness one governs a kingdom; with fraud one makes war; with the
"non – agir" one becomes the master of the empire.*

How do I know it is thus and so in the empire? I know it by this.

The more a king multiplies prohibitions and defenses, the more the people are impoverished.

The more the people enter into schemes of profit, the more the kingdom is troubled.

*The more the people address themselves to skill in the arts, the worse and ruder are
the objects made.*

The more laws are published, the more will robbers increase.

For this reason, the holy man practices the "non - agir", and the people convert themselves.

I love quietude and the people rectify themselves.

I abstain from all occupations, and the people enriches themselves.

I disengaged myself from all desires, and the people return to the same simplicity.

第五十七章

用光明正大治理国家，用伪诈奇诡（的方法）用兵打仗，而用"无为"成为天下的主人。

我怎么知道天下间有如此这般道理？我通过这样的方式知道：

国王有越多的禁令和防御，人民便越是贫穷。

人民越陷入获利的计划，国家便越多麻烦。

人民越是忙于专攻技艺，越会生产出更差的、更粗劣的物品。

法律颁布得越频繁，盗贼也将会增加得越多。

因此，圣人践行"无为"，而人民自行归化。

我热爱宁静，而人民改过自新。

我免除所有的烦扰，人民便自得富足。

我去除所有的欲望，人民便回归到同样的自然淳朴（状态）。

顺化章第五十八

其政闷闷，其民淳淳①；
其政察察，其民缺缺。②
祸兮福之所倚，福兮祸之所伏。
孰知其极？
其无政耶，正复为奇，善复妖。
人之迷，其日固久。
是以圣人方而不割，廉而不刿，直而不肆，光而不耀。

Chapter Fifty Eighth

When the administration is liberal and indulgent, the people become rich. ③

When the administration is clear sighted, becomes minute and execute rigorously the law, the people wish to die to escape rigor and rigor. ④

---

① 河上公本（第 226 页）本句解释有："政教宽大，故民醇醇富厚，相亲睦也。"

② 河上公本（第 226 页）本句解释有："其政教急疾，民不聊生，故缺缺，日以疎薄。"

③ 儒莲法译本（第 214 页）本句为："Lorsque l'administration (paraît) dépourvue de lumières, le peuple devient riche." 笔者英译为："When administration (seems) without lights, the people become rich."（中译为："当施政如闷闷无光，人民便变得富足。"）本章注释二（第 215 页）有解释，"醇醇"，即为"醇醇富厚"。

④ 儒莲法译本（第 214 页）本句为："Lorsque l'administration est clairvoyante, le peuple manque de tout."（When the administration is sighted, the people lack everything.）本章注释三（第 215 页）有详解："Lorsque l'administration devient minutieuse et tracassière, lorsqu'elle fait exécuter les lois dans toute leur rigueur, le peuple, gène par une multitude de règlements, ne peut gagner tranquillement sa vie, et se voit hors d'état d'échapper au besoin et à la mort." 此处可英译为："When the administration is careful and irksome when the enforcement of laws with full rigor, the people, hampered by a multitude of regulations, can quietly earn a living, and sees himself unable to escape the want and death." 中译为："当施政谨慎至令人讨厌的时候，当执法过分严苛的时候，人民被各种规律例束缚了，只能安于谋生，但又难避免被通缉和处死。"

Happiness is born of misfortune; misfortune is hidden in the bosom of happiness.

Who can foresee the end?

If the prince is not righteous, righteous men become deceitful, and virtuous men per-verse.

Men are plunged in error and hardened by long continue in a wrong course of action.

But the holy man is just and injures no person.

He is disinterested and he does not wrong.

He is just and does not trouble the people.

He is splendid, yet he dazzles not.

第五十八章

当施政宽松放任之时，人民变得富足。

当施政（者）明察秋毫、严苛执法之时，人们宁愿直接受死，以免受酷刑和通缉。

幸福从灾祸中产生；不幸则藏于幸福之中。

谁能够预知结果呢？

假如侯王不光明正大，则光明正大的人会变得不诚实，有德之人会堕落。

人们栽进错误之中，并因长期的继续犯错而加剧其过错。

然而，圣人公正无私，不伤及任何人。

他无动于衷，不会做错事。

他公正无私，不给他人添麻烦。

他光亮而不炫目。

守道章第五十九

治人事天，莫若啬。
夫唯啬，是谓早服；
早服谓之重积德；
重积德则无不克；
无不克则莫知其极；
莫知其极，可以有国；
有国之母，可以长久；
是谓深根固柢，长生久视之道。

Chapter Fifty Ninth

In order to govern well and serve Heaven, nothing is comparable to moderation.

Moderation ought to be the first care of men.

When moderation is their first care, one could say they would abundantly accumulate virtue.

When they possess abundant virtue, there is nothing over which they cannot triumph.

When there is nothing over which they cannot triumph, no person knows their limits.

When no person knows their limits, they are able to possess the kingdom.

He who possess the mother of the kingdom (moderation) can live a long time.

This is called having a deep root and solid stem.

Behold, the art of long life and of eternal existence.

第五十九章

为了治理好国家、服侍天，没有什么比"节制"更为重要。

"节制"，应是人们的首要考虑。

当"节制"成为人们的首要考虑之时，便可说，他们能多多积德。

当人们多多积德之时，便没有什么是他们不能胜任的。

当没有什么是他们不能胜任之时，便没人能估量其极限。

当没人能估量其极限之时，他们便能主宰一国。

谁若拥有了国家之母（"节制"，治国之道），便可活得长久。

这可被称为"根深蒂固"。

看哪，这是关于长寿和永恒存在的艺术！

居位章第六十

治大国，若烹小鲜。
以道莅天下，其鬼不神；
非其鬼不神，其神不伤人；
非其神不伤人，圣人亦不伤人。
夫两不相伤，故德交归焉。

Chapter Sixtieth

In order to govern a great kingdom, one must handle it carefully as he who cooks a "little fish".

When the prince directs the empire by the Taou, demons and spirits show not their power.

It is not that demons and spirits want power, it is because they desire not hurt men.

It is not that demons and spirits want power to hurt men, it is because the holy man hurt them not, and they follow his example.

Neither the holy man nor demons hurt men.

For this reason their virtue is confounded together; or mutually returns to them.

第六十章

治理大国，必须小心翼翼地操作，如同烹煮一条"小鱼"。

当侯王以"道"治理天下，鬼神便不会显现其力量。

并非因为鬼神要权力，而是因为他们宁愿不伤害人民。[①]

并非因为鬼神要用权力去伤害人民，而是因为圣人不伤害人民，而鬼神则以圣人为榜样。

圣人和鬼神都不伤害人民。

因此，他们的美德混杂在一起，或相互回归到对方。

① 此句直译如是，然而诚不可解。

谦德章第六十一

大国者下流，天下之交。

天下之牝，牝常以静胜牡，以静为下。

故大国以下小国，则取小国；

小国以下大国，则取大国。

故或下以取，或下而取。

大国不过欲兼畜人，小国不过欲入事人。

夫两者各得其所欲，大者宜为下。

Chapter Sixty First

He who governs a great kingdom ought to resemble rivers and seas that run low and receive in their bosom all the waters of the world.

A great kingdom ought to abase itself as the rivers and the seas.

In the world, such is that character of the female, by remaining in repose the triumphs over the male.

This repose is a sort of abasement.

For this reason, if a great kingdom will abase itself before little kingdoms, it will gain the little kingdoms.

If small kingdoms will abase themselves before large kingdoms, they will gain the large kingdoms.

For this reason, one abases itself in order to receive, the other abases itself in order to be received.

A great kingdom only desires to be united and to govern other men, a small kingdom only desires to be admitted to serve other men，when both will obtain what they desire.

But the great ought to abase themselves！

第六十一章

治理大国的王者，要像江海一样（缓慢往下流），这样才能容纳全天下的水。

大国宜谦下如同河海。

一如天下间雌柔的性格。雌柔（阴柔）持守静定，故能胜过雄强（阳刚）。

这种静定，是一种谦下的状态。

因此，倘若一个大国，能够在小国面前谦下，它便能取得小国。

倘若一个小国能在大国面前谦下，它（也）能取得大国。

因此，有的人降身自谦是为了获得，而有的人降身自谦是为了被接受。

一个大国只希望统一，同时治理他人；一个小国只希望被接受，并服务于他人。两者各能得其所欲。

然而，大的（一方）尤其应当降身自谦。

为道章第六十二

道者万物之奥。

善人之宝，不善人之所保。

美言可以市，尊行可以加人。

人之不善，何弃之有？

故立天子，置三公，虽有拱璧以先驷马，不如坐进此道。

古之所以贵此道者，何也？

不曰求以得，有罪以免耶？

故为天下贵。

Chapter Sixty Second

The Taou is the asylum of all beings[1]*, the treasure of virtuous men, and the support of wicked men.*

Excellent words charm other and then make our riches. [2]

Honorable actions elevate us above others.

If a man is not virtuous, should he be respected with contempt?

Therefore princes are set up and three orders of ministers are instituted, to instruct and reform the people.

It is beautiful to receive a tablet of precious stones; or an equipage and four horses,

---

① 河上公本（第 241 页）有解："奥，藏也。道为万物之藏，无所不容也。"故而译为 "asylum"（避难所）。此句对应的法译本为："Le Tao est l'asile de tous les êtres."

② 此句法译本为："Les paroles excellentes peuvent faire notre richesse."笔者译为："良言，可致富。"

but it is better to sit still and cultivate the Taou.

Why did the ancients esteem the Taou?

Was it not because they found him naturally without seeking from day to day?

Is it not by him that the guilty obtain liberty and life?

For this reason the Taou is the most estimable for all beings.

第六十二章

"道"是万物的庇护所（归宿），是有德之人的宝藏，也是缺德之人的支撑。

（使用）花言巧语容易迷惑他人，为自己赢得财富。

良好的行为，将我们的美德提升至高于他人。

倘若一个人没有美德，他是否应当被鄙视？

因此，立位天子，设置三公，以教导和改良人民。

得到玉璧和驷马（欢迎的礼仪），固属美妙；然而，还不如静坐而学"道"。

为何古人尊崇"道"？

不正是因为他们不用日复一日的寻找，自然而然地找到了"它"？

不正是因为"它"，罪人获得自由和新生？

因此，"道"最为天下万物敬重。

恩始章第六十三

为无为，事无事，味无味。

大小多少，报怨以德。

图难于其易，为大于其细；

天下难事必作于易，

天下大事必作于细。

是以圣人终不为大，故能成其大。

夫轻诺必寡信，多易必多难。

是以圣人犹难之，故终无难。

Chapter Sixty Third

The sage practices the "non – agir"; he occupies himself by not moving and relishes pleasures that are not pleasures.

All things great and small, plenty or rare, are equal in his eyes.

He avenges injuries by benefits.

He begins by actions easy to be performed when he meditates difficult things, by little things when he projects great things.

The most difficult things in the world necessarily commenced by being easy.

The greatest things in the world were small at their beginning.

From whence, it is that the holy man never seeks to do great things. This is the reason he accomplishes great things.

He who promises lightly rarely keeps his word.

He who finds many things easy will necessarily find many things difficult.

For this reason the holy man finds all difficult, hence it is that to the end of his life he experiences no difficulties!

That is he never suddenly attempts great things, he is contented to go on by little and little, until he insensibly arrives at great things. ①

第六十三章

圣贤践行"无为",保持不妄动,品味着无乐趣的乐趣。

在他的眼里,所有的事物,无论大小、多寡,皆是平等。

他以施恩(的方式)报仇(以德报怨)。

处理困难的事情,他从易于行动之处开始;开始策划大事,则从小事做起。

世界上最难的事情,一定是由容易开始的。

世界上最大的事情,在开始时也是小的。

因此,圣人从来不寻求做大事。这也是他能成就大事的原因。

誓言旦旦的人,很少信守其诺。

把凡事看得较容易的人,必然要遭遇许多难题。

因此,圣人将所有的事情都看作艰难的,所以他终生没有遇到过困难。

他(圣人)从不突然尝试做伟大的事情,他愿意一点一滴地积累(积少成多),直至他不知不觉地成就伟大的事业。

---

① 此句为原典所无,出于法译本(第236页)本章注六,对应的法译译文为:"Le Saint ne cherche jamais à faire(tout à coup)de grandes choses; il se contente d'accumuler peu à peu de petites choses; c'est pourquoi il arrive insensiblement à en faire de grandes." 而且这个注六,是注释"是以圣人终不为大,故能成其大"(From whence it is that the holy man never seeks to do great things)一句。英译手稿并未标明是注释,容易让人误解。

守微章第六十四

其安易持，其未兆易谋。

其脆易破，其微易散。

为之于未有，治之于未乱。

合抱之木，生于毫末；

九层之台，起于累土；

千里之行，始于足下。

为者败之，执者失之。

是以圣人无为故无败，无执故无失。

民之从事，常于几成而败之。

慎终如始，则无败事。

是以圣人欲不欲，不贵难得之货；

学不学，复众人之所过。

以辅万物之自然，而不敢为。

Chapter Sixty Fourth

That which is calm is easy to maintain; that which has not yet appeared is easy to prevent; that which is feeble is easy to break; that which is small is easy to disperse.

Stop evil before it exists; calm disorder before it breaks out.

A tree of great circumference springs from a root as delicate as a hair.

A tower of nine stories begun with a handful of earth.

※※※①（A journey of a thousand miles begins with a single step. ）

He who moves falls, he attaches himself to anything loses it.

From whence, it comes the sage moves not, hence he falls not.

He attaches himself to nothing, from whence it comes he loses nothing.

When the people do a thing, it always falls the moment it succeeds.

Be attentive to the end as to the commencement and then you will never fall.

From whence, it comes that the holy man makes his desires consist in the absence of all desires. He does not esteem goods which are difficult to acquire.

He makes his study to consist in an absence of all study, and preserves himself from the faults of other men.

（Men of the world please themselves with applause, but he loves to hide the splendor of his virtue. They love elegance and luxury! But he loves temperance and simplicity.

They aspire after pleasure; he aspires after virtue. ）②

He dares not move in order to aid all beings to follow their nature.

第六十四章

安稳（的局面）易于持守；（事迹）还未出现迹象则易于阻止；脆弱的东西容易被折断；微小的东西容易散播。

在邪恶之事未发生之前，阻止住它；在骚乱爆发之前，镇压住它。

周围很大的树，是从细小如发丝的小苗生长起来的。

九层的高塔，也是从一把一把的泥土开始（垒积）。

※※※千里之行，始于足下。

轻举妄动，必定失败；依附他人，也必定失去。

---

① 此处缺少了"千里之行，始于足"一句的翻译，法译本（第238页）作："Un voyage de mille lis à commencé par un pas."此句英文部分，为笔者根据上下文的句式和句义而补入。

② 以上四句为原典所无（括号为辑者所加），译自法译本（第241页）本章注释九："Le Saint désire ce que les hommes（vulgaires）ne désirent pas. Ils se plaisent à briller, et il à cacher l'éclat de sa vertu; ils aiment l'élégance et le luxe, et il aime la simplicité; ils n'aspirent qu'après la volupté, et il n'aspire qu'après la vertu. "

因此，圣人不妄动，故而不败。他不依附，所以不失去任何东西。

当人们做一件事情时，成功之时，便坠入了失败之境。

对待将完成的事情，如同刚开始一样，你就从来不会失败。

因此，圣人让其欲望处于无欲之中。他不珍爱那些难得的东西。

他所学的是所有学问之外的学问，并持身自好，以免重蹈他人的错误。

（世人自我愉悦于他人的赞赏，而他乐意隐匿其显赫的美德。人们热爱优雅和奢华，而他崇尚节制和简朴。人们追求享受，而他追求美德。）

为了帮助万物追随自然本性，他不敢轻举妄动。

淳德章第六十五

古之善为道者，非以明民，将以愚之。

民之难治，以其智多。

故以智治国，国之贼；

不以智治国，国之福。

知此两者亦楷式。①

常知楷式，是谓玄德。

玄德深矣，远矣，与物反矣，然后乃至大顺。

Chapter Sixty Fifth

In ancient times they who excelled in the practice of the Taou, did not exert themselves to enlighten the people, but to make them simple and ignorant.

When people have acquired much prudence, purity and simplicity vanish and they are difficult to govern.

He who serves himself of prudence to govern a kingdom is the scourge of the kingdom.

He who does not govern the kingdom by prudence promotes the happiness of the kingdom.

When one knows these two things, he is the model of the Empire.

To know how to be the model of the Empire, is to be endowed with celestial virtue.

---

① "楷式"，与河上公本（第225页）相同，意即为"法式"，故可译为"Model"。王弼注本（第168页）则作"稽式"，"稽，同也。今古之所同则，不可废。"

This celestial virtue is deep and mysterious and opposed to creatures, to worldly wisdom.

By this one succeeds in procuring a general peace.

第六十五章

在古代，善于践行"道"的人，不是去启蒙人民，而是使他们（变得）淳朴、无知。

当人民变得太过于精明智巧，便失去纯粹和简朴，因而难以治理。

用精明智巧来治理一个国家，便是国家的灾难。

不用精明智巧来治理国家，便能提升国家的幸福。

懂得这两种（治国的）法则的人，他便是国家的榜样。

知道如何成为国家的榜样，则有天的美德（玄德）。

天的美德，深邃而神秘，与生灵、与俗世的智慧相反。

通过它，人才能获得普遍的和平。

后己章第六十六

江海所以能为百谷王者，以其善下之，故能为百谷王。

是以欲上民，必以言下之。

欲先民，必以身后之。

是以圣人处上而民不重，处前而民不害。

是以天下乐推而不厌。

以其不争，故天下莫能与之争。

Chapter Sixty Sixth

Why can the rivers and seas be called the kings of waters?

Because they hold themselves below all.

For this reason they can be called the kings of all waters.

Thus when the holy man desires to be above the people, by his words he puts himself below all.

When he desires to be first among the people, he puts himself last of all.

From whence it is that the holy man is above all, and is no charge to the people.

He is placed before all and the people suffer not.

Also all the empire love to serve him and he does not weary them.

As he contends not for the first rank, there is no one in the empire who is able to dispute it with him.

第六十六章

江海为何被称为河流之王？

因为他们置自身于万物之下。

因此他们能被称为河流之王。

所以当圣人要高于（或要领导）人民，其言辞必要置自身于最下端。

倘若他要成为人民的首领，他必要置自身于最后。

所以他居于上位，而人民不会感到负累。

他居于前面，而人民不会感到受害。

而且，全天下人民都乐于服侍他，而他也不厌弃他们。

因为他不与人争第一，所以天下没有人能与他相争。

三宝章第六十七

天下皆谓我道大，似不肖。

夫唯大，故似不肖。

若肖，久矣其细也夫！

吾有三宝，宝而持之。

一曰慈，二曰俭，三曰不敢为天下先。

慈故能勇；俭故能广；不敢为天下先，故能成器长。

今舍慈且勇，舍俭且广，舍后且先。死矣！

夫慈以战则胜，以守则固。

天将救之，以慈卫之。

Chapter Sixty Seventh

All the empire call one eloquent, but I am like a man of small talents.

It is only because I am eminent that I resemble a man of limited capacity.

As to those who are called brilliant, it is long time that their mediocrity has been known.

I possess three precious things.

I hold them and preserve them as a treasure.

The first is charity, the second is economy, and the third is humility which prevents from wishing to be the first in the empire.

I have affection, charity and mercy. This is why I am courageous.

I have economy and am thus able to spend a great deal.

I dare not be first in the empire. For this reason, I am the chief of all men.

But in this day, the people give up charity for courage; they leave off being economical in order to give themselves up to great expenses; they leave the lowest rank in order to attain the first.

This leads to death.

If one combats with a heart full of love, he will gain the victory.

If he defends a city, it will be impregnable.

When Heaven determines to save a man, it gives affection to protect him.

第六十七章

天下人都说我雄才善辩，但我更像是一个没有多少天资的人。

这是因为我卓越超群，所以更像是一个能力有限的人。

至于那些被称赞为才华横溢的人，他们的平庸也早已广为人知。

我拥有三种宝贵的东西。

我像对待宝藏般，持守而保有它们。

第一种叫慈爱，第二种叫俭朴，而第三种叫谦卑——能防范去争夺为天下第一。

我有慈爱、宽容和怜悯。因而我能勇武。

我能俭朴，故而有能力大作开销。

我不敢为天下先。因此我能成为所有人的首领。

但是今天，人们放弃慈爱而求取勇武；他们舍弃俭朴而大肆挥霍；他们离开最低之处而追求最高（之处）。

这无异于走向死亡。

倘若一个人用满心的慈爱来争战，他将会获得胜利。

倘若他守卫一座城池，这个城池将会坚不可摧。

当上天决定保护一个人，它会用慈爱来护持他。

配天章第六十八

善为士者，不武；
善战者，不怒；
善胜敌者，不争；
善用人者，为之下。
是谓不争之德，
是谓用人之力，
是谓配天古之极。

Chapter Sixty Eighth

He who excels in the command of an army does not love war.

He who excels in fighting does not allows himself to be angry.

He who excels in vanquishing others struggles not.

He who excels in employing men puts himself below them.

He who struggles not has virtue and this is called knowing how to make use of the strength of other men.

By this virtue the holy man unites himself to heaven.

This was the sublime science of high antiquity.

第六十八章

善于指挥军队的人，不喜欢战争。

善于打仗的人，不允许自己动怒。

善于征服他人的人，无须争斗。

善于用人的人，置自己于人下。

不争斗的人，有美德——这也可说是懂得如何借用别人的力量。

凭借这种美德，圣人将自己与天结合（天人合一）。

这是远古的崇高的科学。

玄用章第六十九

用兵有言：

吾不敢为主而为客，不敢进寸而退尺。

是谓行无行，攘无臂，扔无敌，执无兵。

祸莫大于轻敌，轻敌则几丧我宝。

故抗兵相加，哀者胜矣。

Chapter Sixty Ninth

Behold! These are the words of an ancient warrior.

I dare not give the signal of war. I love better to receive it. ①

※※※② (I dare not advance an inch; I would rather retreat a foot.)③

This may be called pursuing an enemy as though he was not pursued, neither carried arms to seize him. ④

There is no greater misfortune than to combat lightly.

---

① 此两句译"不敢为主而为客"，是为意译，转译自法译本（第 258 页）："Je n'ose donner le signal, j'aime mieux le recevoir."

② 此处缺少了"不敢进寸而退尺"一句的翻译，法译本作："Je n'ose avancer d'un pouce, j'aime mieux reculer d'un pied."

③ 此句为笔者根据上下文的句式和句义而补入。

④ 与法译本（第 258 页）译文对应的句子是："C'est ce qui s'appelle n'avoir pas de rang à suivre, de bras à étendre, d'ennemis à poursuivre, ni d'arme à saisir." 笔者英译为："This may be called having no place to go, arm to extend, enemies to continue or weapons seized." 可知，英译本并不依法译本，而是采用另一种方式的意译，省略了"攘无臂，扔无敌"两句的翻译。未知为何如此。此句不可解。

(If one combats lightly, it is that he loves to kill men.) [1]

To resist lightly is almost to lose a treasure. [2]

By such a course, love and humanity that should be preserved as a treasure are lost.

When two armies fight with equal arms that shows most compassion which gets the victory.

第六十九章

看哪！古代的将士有名言：

我不敢发起战争的信号，而更宁愿被动应战（采取守势）。

※※※我不敢前进一寸，而宁愿后退一步。

这可叫做：追赶一个敌人时，就像不是在追赶他，也不是带着兵器去逮捕他。[3]

再没有什么比轻率地打仗带来更多的灾祸。

（倘若一个人轻率地打仗，就是因为他热爱杀人。）

轻率的应战，也便几乎丧失我的"珍宝"（上文提及的"三宝"——慈爱、简朴和谦卑）。

以这种方式，本应当作珍宝的博爱和人性，反而丧失。

当两军对垒，兵力相当，显露出哀悯的一方，将会获得胜利。

---

① 括号为辑者所加。此句为原典和法译本所无，是英译译者所加，权且看作是他对上下句的注释。此句可译为，"轻敌者，爱杀人"。原典之中并无这种意思。另，上下句将"轻敌"为 combat lightly，也与原典所无之义。

② 应是"my treasure"，因原典有"我宝"两字。

③ 读者须知，此句英译文有错误，但仍以之为本，返译为现代汉语。

知难章第七十

吾言甚易知，甚易行。

天下莫能知，莫能行。

言有宗，事有君。

夫唯无知，是以不我知。

知我者希，则我者贵矣。

是以圣人被褐怀玉。

Chapter Seventieth

My words are very easy to comprehend, very easy to practice.

(If)① In the world, no person is able to comprehend them, not person is able to practice them. It is because he possesses not the Taou and Virtue. ②

My words have an origin.

My actions have a rule.

Men do not comprehend them, and they are ignorant of me.

They who comprehend me are very few, by this I am the more esteemed.

For this reason, the holy man himself in coarse habits and hides precious stones in his bosom.

(i. e. He possesses a sublime beauty, but his exterior is common and stupid. He is a stone that conceals a precious diamond. From whence, it comes that the vulgar can neither

---

① 此为原稿所有。此处不删去。
② 此句为《道德经》原本所无。

see his interior beauty nor hidden virtues.)①

第七十章

我的言辞，很容易理解，也很容易践行。

（倘若）天下没有人能理解它，没有人能践行它。这是因为人们不懂得道和德。

我的言辞，有其本源。

我的行动，有其法则。

人们不懂得它们，所以忽略了我。

理解我的人非常少，所以我更应受人敬重。

因此，圣人穿着粗衣，而怀内藏有宝玉。

（他拥有一种崇高的美，但是他的外表却平常而愚昧。他是一块藏有珍贵钻石的璞石。因而，俗人既不能看到他的内在之美，也不能看到他藏匿的美德。）

---

① 括号为辑者所加。此句采取法译本（第 263 页）本章注释五："Intérieurement, il possède une beauté sublime; mais, par sa figure et son extérieur, il paraît commun et stupide. Il est comme l'huître qui cache une perle sous son enveloppe grossière; comme une pierre informe aui recèle un diamant précieux. De là vient que le vulgaire ne peut voir sa beauté intérieure ni ses vertus cachées. "

知病章第七十一

知不知上，不知知病。

夫惟病病，是以不病。

圣人不病，以其病病，是以不病。

Chapter Seventy First

To knows, and not to be conscious of knowledge, is the height of merit.

Not to know, and to believe one knows, is the malady of men.

If one is afflicted by this malady, he will not experience it.

The holy man is exempt from the malady of false knowledge.

(He is not dazzled by the knowledge which springs from contact with sensible things.) [1]

The holy man is not afflicted by this malady, therefore he does not experience it. [2]

(He possesses the true knowledge of the Taou , which is a mark of eminent

---

① 此句为《道德经》原典所无，遍查法译本（第 265 页）本章注释，可知此句采自于本章首句注释中的一个半句，"Être ébloui par la connaissance qui naît du contact des choses sensible"（可英译为，"Be dazzled by the knowledge that comes from contact with sensible things"），由此而修改而成。故而，英文稿中此句的位置虽然在此处，但英译译者有可能要将其置于页末注释。

② 法语译文此句为："le saint n'eprouve pas cette maladie, parce qu'il s'en affligé. Voilà pourquoi il ne l'éprouve pas." 可译为："The holy man does not experience this disease, because he is in afflicted. Therefore he does not experience it. "

merit.)①

第七十一章

懂得知识而又没意识到知识，这是（圣人）最高的美德。

不懂得知识而又自以为懂得，这是人们的（常见）弊病。

备受这种弊病折磨的人，他将不会再感受到它。

圣人能够免于错误知识（带来）的弊病。

（他不会被从可感知到的事物中得到的知识所迷惑。）

圣人不曾受这种弊病折磨，因而他没感受到它。

（他拥有"道"的真正知识，这是他拥有超卓美德的标志。）

---

① 此句为《道德经》原典所无，对照法译本（第 265 页）注释，知有相似断句如是："…
et ne pas posséder le non – savoir qui constitue le vrai savoir…C'est la marque d'un mérite eminent. "是由
此处一段注释中，抽取出来的两个断句。英译可为："and not possess unknowing that is true knowl-
edge…. It is the mark of an eminent merit. "法译本注释此处有三个中文字，"斯为上"。

爱己章第七十二

民不畏威，大威至矣。

无狭其所居，无厌其所生。

夫惟不厌，是以不厌。

是以圣人自知不自见；自爱不自贵。

故去彼取此。

Chapter Seventy Second

When men fear not that which they ought to fear, then that which is must fearful (death) comes upon them.

Guard yourself from finding your house too small.

Guard yourself from being discontent with your fate.

Vulgar men are discontented with their fate and wish to enrich themselves. ①

I am not displeased with my fate, therefore it does not inspire me with dislike. ②

From whence, it comes that the holy man knows himself, he does not put himself in light. ③

---

① 此句为原典所无，出于法译本（第 268 页）本章注四："Les hommes vulgaires sont mécontents de leur sort et veulent s'enrichir sans interruption."

② 此句为原典所无，出于法译本（第 268 页）本章注四："Je ne dégoûter pas de mon sort, c'est pourquoi (le peuple) ne se dégoûter pas (du sien)."

③ 原手稿上"light"一词的下面加有星号。辑者认为，本页手稿的最后一句（ i. e. does not try to show off his merits）即为解释这一"light"字。

He controls himself; he renounces his passions. ①

He adopts the art of limiting himself to suffice for himself. ②

（*i. e. does not try to show off his merits.*）

※※※③ （*That's why he leaves that and adopt this.*）④

第七十二章

人们不畏惧应当畏惧的事情，那么令人非常畏惧的（死亡）将会发生在他们身上。

警示自己，不要嫌弃你的居所过小。

警示自己，不要不满足于你的命运。

俗人不满足于他们的命运，而希望使自己富有。

我没有不满足于自己的命运，所以它没有引起我的厌恶。

因而，圣人自知，而不自现。

他能控制自己，能弃绝他的激情。

他采取一种限制自身的技艺，以满足自身。

（不试图炫耀其美德。）

※※※这正是为何他去彼取此。

---

① 此句对应的可能是"自爱不自贵"一句，采取本句法译本（第269页）注释七，法译："il renonce aux passions."对应的正是英译："he renounces his passions."另，法译本此处有中文注，"自爱啬其身"。

② 此句为原典所无，出自法译本（第269页）本章注九后半句："…et il adopte l'art de se borner et de se suffire à soimême."

③ 此处缺少"故去彼取此"一句的翻译，法译本作："C'est pourquoi il laisse ceci et adopte cela."

④ 此句为笔者根据上下文的句式和句义而补入。

任为章第七十三

勇于敢则杀，勇于不敢则活。

此两者，或利或害。

天之所恶，孰知孰故？

是以圣人犹难之。

天之道，不争而善胜，

不言而善应，

不召而自来，

坦然善谋。

天网恢恢，疏而不失。

Chapter Seventh Third

He who calls up his courage to daring (deeds) will find death.

He who exercises his courage not to dare finds life.

Of these two things, one is useful, the other is hurtful.

The Heaven detests any one, who can fathom the reason?

For this reason, the holy man is considerate in his actions.

Such is the conduct of Heaven.

Heaven struggles not yet nothing can triumph against it.

Heaven speaks not, and all beings obey it.

Heaven calls not, but all beings come to it voluntarily.

Heaven appears slow but forms plans skillfully.

The net of Heaven is immense, the meshes are far apart, but no person escapes them.

第七十三章

好勇逞强之人，会走向毁灭。

而不逞勇之人，会找到生机。

这两件事情，一是有利，一是有害。

（这是）天（道）所厌恶的，谁能探知其缘故？

因此，圣人对其行为，慎之又慎。

这便是天道。天不争斗，而没有什么能胜得过他。

天不说话，而万物皆服从于他。

天不召唤，而万物自愿来归服。

天显现得很缓慢，但是善于筹策计划。

天网无边无际，网孔相隔也颇疏远，然而没人能避得开它。

制惑章第七十四

民常不畏死，奈何以死惧之？
若使民常畏死，而为奇者，
我得执而杀之，孰敢？
常有司杀者杀。
夫代司杀者杀，是谓代大匠斫。
夫代大匠斫者，稀有不伤其手矣。

Chapter Seventy Fourth

When the people do not fear death, how can they be frightened by a menace of death?

If the people are in constant fear of death, and whatever evil they do, I have the power to seize and kill them.

Who will dare (imitate it)?

*(Who will say it is Heaven that has killed and not me?)*①

*It is a grave thing to decide upon the life of men!*②

*How can anyone kill them lightly?*③

---

① 此句为原典所无，源于儒莲法译本（第274页）本章注一："On dira que c'est le ciel qui l'a tué et non pas moi."法语句为肯定句，即"是天而非我，杀人"，英译本在手稿中以括号标出，译成疑问句，直译为"谁会说是天而非我杀人？"两者稍有差别。

② 此句源于儒莲法译本（第274页）本章注一，"C'est une chose grave que de décider de la vie des hommes!"

③ 此句源于儒莲法译本（第274页）本章注一，"Comment pourrait – on les tuer à la légère?"

There is a supreme magistrate who constantly inflicts death.

If any one wishes to replace this magistrate by inflicting death himself, he is like an unskillful man who wishes to work in wood in place of a carpenter.

When one wishes to work in wood in place of a carpenter, it is rare that he does not wound his hands.

第七十四章

当人民不畏惧死亡，怎么能用死亡的威胁来恐吓他们？

倘若人民一向畏惧死亡，无论他们做了什么邪恶的事，我都有能力逮住并杀了他们。

谁还敢（模仿它）（学做恶事）？

（谁会说是天而非我杀人？）

决定他人的生命，这是极为重大之事。

怎么会有人轻率地杀人呢？

有最高的法官，经常判人以死刑。

倘若有人要取代这位法官，并自己执行杀人的任务，那么他就像是一个没技巧的人，想取代森林中的伐木工一样。

那些想在森林中取代伐木工而自己工作之人，很少有不砍伤自己双手的。

贪损章第七十五

民之饥，以其上食税之多，是以饥。
民之难治，以其上之有为，是以难治。
民之轻死，以其求生之厚，是以轻死。
夫惟无以生为者，是贤于贵生。

Chapter Seventy Fifth

The people are hungry because the taxes of the princes are too heavy.
This is why they are hungry.
The people are difficult to govern, because the prince loves to move.
This is why they are difficult to govern.
The people despise death because they seek with too much ardors the means of living.
This is why they despise death.
But he who is not occupied with the means of living is wiser than he who esteems life.

第七十五章

人民之所以饥饿，是因为侯王征税太重。
所以他们饥饿。
人民之所以难被统治，是因为侯王喜欢妄作非为。
所以他们难以被统治。

人民之所以看轻死亡，是因为他们用过度的热情去追求生命的意义。所以他们看轻死亡。

但是，那些不专注于生命意义的人，比那些看重生命的人更有智慧。

戒强章第七十六

人之生也柔弱，其死也坚强。
万物草木之生也柔脆，其死也枯槁。
故坚强者死之徒，柔弱者生之徒。
是以兵强则不胜，木强则共。①
强大处下，柔弱处上。

Chapter Seventy Sixth

When a man comes unto the world, he is supple and feeble; when he dies he is rigid and strong.

When trees and plants are young, they are pliant and tender; when they die, they are dry and arid.

Rigidity and strength are the companions of death; suppleness and feebleness companions of life.

For this reason when an army is strong, it is not victorious.

When a tree is strong, it is cut down.

That which is strong and great occupies an inferior rank.

That which is supple and feeble occupies superior rank.

---

① "木强则共"，与河上公本（第76页）同，并有附释"本强大则枝叶共生其上"。王弼注本（第185页）另作"木强则兵"，有附释"物所加也"。

第七十六章

当一个人来到世上，他柔软而脆弱；而当他死时，则变得僵硬。

当草木还小时，它们柔韧纤弱；而当它们死时，则变得干枯。

坚硬和力量是死亡的同类；而柔软和脆弱则是生存的同类。

因此，当一个军队强盛之时，它不会取得胜利。

当一棵树强大之时，便会遭到砍伐。

因而，凡是强而大的，应居下位。

凡是柔而弱的，应占上位。

天道章第七十七

天之道，其犹张弓乎？
高者抑之，下者举之；有余者损之，不足者与之。
天之道，损有余而补不足。
人之道则不然，损不足以奉有余。
孰能有余以奉天下？
唯有道者。
是以圣人为而不恃，
功成而不处，
其不欲见贤。

Chapter Seventy Seventh

The way of Heaven is like a man who makes bows.

He abases that which is high and elevates that which is low; he takes what is superfluous and supplies what is wanting.

Heaven takes from them who have a superfluity in order to assist those who have not enough.

It is not thus with man, he takes from those who have not enough in order to give to those who have a superfluity.

Who is he that is capable of giving his superfluity to men of the empire?

It is he alone who possesses the Taou.

For this reason the holy man does good, but assumes no superiority.

He accomplishes great things and does not attach himself to anything.

He does not wish men to see his wisdom.

(*Literally*) "*Non vult facere ut homines cognoscant sui ipsius sapientiam.*"[1]

第七十七章

天之道，就像是一个人拉开一张弓。

他一压低，就拉高了弦位；一提高，则拉低了弦位。他从有余处获得，而补给有需求者。

天从那些有余处取得，是为了补给那些不足者。

而人的情况则不一样，人从那些不足处取得，为了给予那些原本就有余者。

谁能够把有余的拿出来，供给天下的（不足的）人民？

唯有这种人，才懂得"道"。

因此，圣人做善事，而不自恃优越。

他成就许多伟大之事，但是从不将自己羁附于任何事情。

他不想让人们看到他的智慧。

（字面意思是：）"他不愿意这样使人知道他自己的智慧。"

---

① 此句为拉丁文，是手稿本章的末句，是对上一句（原典英译的最后一句）的解释，括号和拉丁文为原稿所有。拉丁文译文采自法译本（第284页）本章注释五，法译本此处还附有中文注释："不欲使人知己之贤。"这个中文注释，源于河上公本。河上公本（第295页）此句有释："不欲使人知己之贤，匿功不居荣，畏天损有余也。"

任信章第七十八

天下柔弱莫过于水，
而攻坚强者，莫知能胜。
其无以易之。
故柔胜刚，弱胜强①，
天下莫不知、莫能行。
是以圣人言：
受国之垢，是谓社稷主；受国之不祥，是为天下王。
正言若反。

Chapter Seventy Eighth

In all the world there is nothing more soft and feeble than water.

And yet in order to break that which is hard and strong, there is nothing that was the supremacy over water.

Nothing can be substituted for water, though it bends and yields and takes all forms, it never loses that which constitutes its nature. ②

What is soft triumphs over that of what is hard.

In all the world there is no person who does not know this truth, but no person is willing to practice it.

---

① 此句河上公本和王弼注本，皆作"弱之胜强，柔之胜刚"。
② 前半句译自原典，后半句译自法译本本句注释。法译本（第287页）本章注释二："Quoique l'eau puisse se courber, se plier et prendre toutes les formes, jamais elle ne perd ce qui constitue sa nature."（尽管水会弯曲、变形，但她从不会失去其本性。）

(*i. e. They regard firmness and strength a title to glory; suppleness and feebleness as a subject of shame.*)[1]

For this reason, the holy man says he how can support the obloquy of the kingdom becomes chief of the kingdom.

He who bears the calamities of the kingdom, becomes king of the empire.

Right words appear contrary to reason.

第七十八章

全天下没有什么比水更柔软、更脆弱。

然而，若要打破坚硬强壮的东西，没有什么能胜得过水。

水是无可替代的，尽管它会弯曲、变化成各种形态，然而它从不曾失去其本性。

柔弱的东西，要胜过那些刚强的东西。

全天下没有人不知道这种真理，然而没有人愿意践行它。

（他们认为坚实和强壮是一种荣誉的称号，而柔软和脆弱则隶属于羞辱。）

因此，圣人说，那些能够承担全国的屈辱的人，才配称国家的君主。

那些能够承担全国的灾祸的人，才配做天下的君主。

正确的言辞，像是与理智相反。

---

① 括号为笔者所加。此句意为："他们将刚强看作是荣耀的尊称，而将柔弱当作耻辱的范畴。"对应的是法译本（第 287 页）本章注释四："Ils regardent la fermeté et la force comme un titre de gloire, la souplesse et la faiblesse comme un suject de honte."

任契章第七十九

和大怨，必有余怨。

安可以为善？

是以圣人执左契，而不责于人。

有德司契，无德司彻。①

天道无亲，常与善人。

Chapter Seventy Ninth

If you wish to appease great animosities among men, there will necessarily remain somewhat of enmity.

How can they become virtues?

From whence, it comes that the holy man guards the left part of a contract and reclaims nothing of the other.

(The left part of the contract served to give; the right served to reclaim or take. ②

An allusion to an ancient custom of making contracts with tables of wood, one half of

---

① 此两句河上公本（第301页）有释："有德之君，司察契信而已。无德之君，背其契信，司人所失。"王弼注本（第188页）有释："有德之人，念思其契，不（念）（令）怨生而后责于人也。彻，司人之遇也。"

② 出自法译本（第290页）本章注释三："La partie gauche du contrat sert à donner, la partie droite sert à predre, c'est – à – dire à réclamer."

which was called the left, the other the right.)[①]

He who is without virtue thinks to demand; he who has virtue thinks to give.

Heaven has no partial affection, but always gives to virtuous men.

第七十九章

倘若你希望调解人们之间的大仇恨，（那么）必然会遗留下余恨。

他们怎么能变得有美德呢？

因此，圣人执着左契（借据），而不向他人索取偿还。

（执着右契的一方，要偿还；执着左契的一方，有权收回或索取。这个典故是指古代习俗中人们用木板做契，一半称为左契，一半称为右契）。

那些无德之人，老想索取，而那些有德之人，则想施舍。

天没有偏私的感情，但是总会帮助有德之人。

---

① 法译本（第290页）本章注释三："Une tablette de bois qui pouvait se diviser en deux parties. On écrivait dessus toutes sortes de conventions, soit pour acheter, soit pour donner ou emprunter."
笔者译为："将木板分成两半，写上包括与、取（购入与卖出）双方的所有契约内容。"另，法译本此注释下方，附有中文释文"左契所以与，右契所以取"，并且有大段的法语解释。

独立章第八十

小国寡民。

使有什伯之器而不用，

使民重死而不远徙。

虽有舟车，无所乘之，

虽有甲兵，无所陈之。

使人复结绳而用之。

甘其食，美其服，

安其居，乐其俗。

邻国相望，鸡狗之声相闻，

民至老死，不相往来。

Chapter Eightieth

If I (Laou Tsz) governed a small kingdom and had arms for ten or a hundred people, I would prevent them from using them.

I would teach the people to fear death, not to go far from home.

If they had boats and chariots, they should not use them.

If they had cuirasses and lances, they should not carry them.

I would make them return to the use of " cordelettes nouées" (" knotted cords") . ①

---

① 法语 "cordelettes nouées"，即英语 "knotted cords"，为中文 "结绳" 之义。原手稿，两词并列抄写，后一词的括号为笔者所加。

I would lead the people back to their primitive simplicity. [①]

The people would then relish their food, find elegance in their clothing, pleasure in their dwellings and love these simple usages.

If there were another kingdom so near mine, what the crowing of the cocks and the barking of the dogs could be heard from one to the other, my people should arrive at old age and death without having visited this neighboring people.

第八十章

倘若我（老子）治理一个小国，即使有够百千人使用的兵器，我也会禁止人们使用。

我将要教会人们敬畏死亡，不要离家远徙。

倘若他们有船只和车辆，他们也无须用到。

倘若他们有盔甲和长矛，他们也不用携带。

我会使他们回归到结绳使用（的状态）。

我会带他们回归到原始淳朴（的状态）。

那时，人们会觉得他们的食物甘美、衣服优雅、居所安适，并热爱这种简朴的风俗。

倘若附近还有一个国家，即便鸡鸣狗吠的声音可相互听得到，但是我的人民从出生至老死，也不曾去拜访过邻人。

---

① 此句为原内典所无，译自法译本（第295页）本章注释七最后一句："Je ramènerais le peuple à sa simplicité primitive."

显质章第八十一

信言不美。

美言不信。

善者不辩。

辩者不善。

知者不博。

博者不知。

圣人不积，既以为人己愈有，既以与人己愈多。

天之道，利而不害；

圣人之道，为而不争。

Chapter Eighty First

Sincere words are not elegant.

True words have no need of ornament. ①

Elegant words are not sincere.

The virtuous man is not eloquent.

He who is eloquent is not virtuous.

He who knows the Taou is not learned.

He who is learned knows him not.

The holy man does not accumulate riches.

———————————

① 原稿如此。本句译文与上句译文，句义相同，皆是"信言不美"之意。译者可能在此两句译文间，仍斟酌未定。

The more he employs his virtue in the interests of men, the more it is increased.

The more he gives to men, the more he is enriched.

Such is the Way of Heaven, it is useful to all beings and does not injure them.

Such is the Way of the holy man, he acts but disputes not merit or glory with any one.

第八十一章

真诚的言辞，并不优美。

真实的言辞，无须装饰；优美的言辞，并不真诚。

有德之人，不善于辩论；善于辩论之人，（往往）无德。

懂得"道"的人，并不博学；博学之人，（往往）并不懂得"道"。

圣人不积藏财富。

他越是用其美德以增益他人，（其美德）反而越增长。

他越是给予他人，自己越是充实。

这便是天之道，有利于万物而又不伤害他人。

这便是圣人之道，他若有为时，不与任何人争夺功绩或荣誉。

Finis

Mission Library Peking[①]

---

① 此两句置于手稿之最末。"Finis"是钢笔墨迹，与英译本的字迹相同，是抄写者的字。"Mission Library Peking"三字则是铅笔字迹，是另一人的笔迹，未知是谁。

参考文献

（依责任者姓氏首字母排列）

一 《道德经》注释和外译作品（先中后英）

1. 陈鼓应：《老子注释及评介》，中华书局 1984 年版。
2. 高明：《帛书老子校注》，中华书局 1996 年版。
3. 王卡：《老子道德经河上公章句》，中华书局 1993 年版。
4. （魏）王弼注，楼宇烈校释：《老子道德经校释》，中华书局 2008 年版。
5. 郑良树：《老子新论》，上海古籍出版社 2011 年版。
6. Chalmers, John, *The Speculations on Metaphysics*, *Polity, and Morality of "the Old Philosopher"*, *Lau - tsze*. London：Trubner & Co. , 60, Paternoster Row, 1868.
7. Julien, Stanislas, *Le Livre de la Voie et de la Vertu*. Paris：A L'imprimerie Royale, 1842.
8. Pauthier G. , *Tao - Te - King, ou le Livre Révéréde la Raison Suprême et de la Vertu, par Lao - tsèu. Traduit en Français et Publié Pour la Première Fois en Europe, Avec une Version Latine et le Texte Chinois en Regard; Accompagné du Commentaire Complete de Sie - hoéi, D' Origine Occidentale, et de Notes Tirées, de Divere Autres Commentateurs Chinois*, Paris：F. Didot, Leipzig. 1838.
9. Rémusat, Abel, *Mémoire sur la vie et les Opinions de Lao - Tseu, Philosophe Chinois du Vie Siècle Avant Notre ère, Qui a Professé les Opinions Communément Attribuées à Pythagore, à Platon et à Leurs Disciples*, Paris：Imprimerie Royale, 1823.

二 中文参考文献（包括中译和杂志论文）

10. 裨治文：《联邦志略》，上海墨海书馆 1861 年版。

11. ［法］戴仁主编：《法国当代中国学》，中国社会科学出版社 1998 年版。

12. ［法］艾田蒲（Rene Etiemble）著，许钧、钱林森译：《中国之欧洲》，河南人民出版社 1992 年版。

13. ［法］安田朴（Rene Etiemble）、谢和耐等著，耿昇译：《明清间入华耶稣会士和中西文化交流》，巴蜀书社 1993 年版。

14. ［法］费赖之著，梅乘骐，梅乘骏译：《明清间在华耶稣会士列传 1552—1773》，天主教上海教区光启社 1997 年版。

15. 辜鸿铭：《东方智慧辜鸿铭随笔》，北京大学出版社 2010 年版。

16. ［美］恒慕义（Hummel, A. W.）主编：《清代名人传略》，青海人民出版社 1990 年版。

17. ［美］韩南撰，姚达兑译：《汉语基督教文献：写作的过程》，《中国文学研究》2012 年第 1 期，第 5—18 页。

18. 黄正谦：《论耶稣会士卫方济的拉丁文〈孟子〉翻译》，《中国文化研究所学报》2013 年 7 月第 57 期，第 133—172 页。

19. 靳剑：《王韬与法国汉学大师儒莲》，任继愈主编：《国际汉学》第 7 辑，大象出版社 2002 年版，第 150—155 页。

20. 季羡林：《季羡林全集》第 15 卷《佛教与佛教文化》，外语教学与研究出版社 2010 年版。

21. 湛约翰：《正名要论》（*Translation of Chinese Tract on the Name of God*），香港英华书院 1864 年版。

22. （南北朝）刘勰著，周振甫注：《文心雕龙注释》，人民文学出版社 1981 年版。

23. ［丹］龙伯格著，李真、骆沽译：《清代来华传教士马若瑟研究》，郑州大象出版社 2009 年版。

24. 李真：《来华耶稣会士马若瑟（Joseph de Prémare, S. J.）生平学术成就钩沉》，日本《東アジア文化交渉研究》2012 年第 5 号，第 131—160 页。

25. 李养正主编：《当代道教》，东方出版社 2000 年版。

26. 李庆：《论薛蕙的〈老子集解〉——明代的〈老子〉研究之七》，《阜阳师范学院学报》（社会科学版）2006 年第 1 期，第 1—7 页。

27. 梁慧皎等撰：《历代高僧传》，上海书店 1989 年版。

28. 马礼逊译：《我等救世主耶稣新遗诏书》，马六甲英华书院 1817 年版。

29. 马祖毅、任荣珍：《汉籍外译史》，湖北教育出版社 1997 年版。

30. 潘凤娟：《从'西学'到'汉学'：中国耶稣会与欧洲汉学》，《汉学研究通讯》2008 年 5 月（总第 106 期），第 15—26 页。

31. 屈守元：《韩诗外传笺疏》，巴蜀书社 1996 年版。

32. ［美］爱德华·W·萨义德著，王宇根译：《东方学》，生活·读书·新知三联书店 1999 年版。

33. 苏精：《中国开门！马礼逊及相关人物研究》，香港基督教中国宗教文化研究社 2005 年版。

34. 滕固：《蒋剑人先生年谱》，台北广文书局 1971 年版。

35. 谭渊：《"道"与"上帝"——〈道德经〉翻译与传播中基督教神学的介入》，黄勇民主编：《翻译教学与研究》（第 1 辑），复旦大学出版社 2010 年版，第 51—59 页。

36. ［英］伟烈亚力著，赵康英译：《基督教新教传教士在华名录》，天津人民出版社 2013 年版。

37. 王韬：《蘅华馆杂录》，台北"中研院"傅斯年图书馆所藏，稿本。

38. 王韬：《韬园尺牍》，中华书局 1959 年版。

39. 王韬：《春秋历学三种》，中华书局 1959 年版。

40. 王韬、陈尚凡等校点：《漫游随录》，岳麓书社 1985 年版。

41. 王韬著，方行、汤志钧整理：《王韬日记》，中华书局 1987 年版。

42. 王韬著，楚流等选注：《弢园文录外编》，辽宁人民出版社 1994 年版。

43. （清）王聘珍：《大戴礼记解诂》，中华书局 1983 年版。

44. ［英］伟烈亚力撰、马军译：《1867 年以前中籍西译要目》，张西平主编：《国际汉学》第 20 辑，郑州大象出版社 2010 年版，第 235—257 页。

45. ［美］卫斐列（Williams, Frederick Wells）著，顾钧、江莉译：《卫三畏生平及书信一位美国来华传教士的心路历程》，广西师范大学出版社 2004 年版。

46. 辛红娟：《〈道德经〉在英语世界文本行旅与世界想像》，上海译文出版社 2008 年版。

47. 谢天振：《中西翻译简史》，外语教学与研究出版社 2009 年版。

48. 严慧：《超越与建构〈天下〉与中西文学交流 1935—1941》，光明日报出版社 2011 年版。

49. 姚达兑：《晚清传教士中国助手的认同危机》，《中国现代文学研究丛刊》2014 年第 11 期，第 35—47 页。

50. 杨宏声：《明清之际在华耶稣会士之〈易〉说》，载《周易研究》2003 年第 6 期，第 51—58 页。

51. 杨静一：《1840—1900 年间西文文献中的中国古代地学史料拾零》，《中国科技史料》1998 年第 2 期，第 89—96 页。

52. 杨玉英：《英语世界的〈道德经〉英译研究》，中国社会科学出版社 2013 年版。

53. 张隆溪著，冯川译：《道与逻各斯》，四川人民出版社 1998 年版。

三　外文参考文献

54. （Anonymous）"Literary Notices, Anglo – Chinese College Report for 1831." *The Chinese Repository*, Vol. I （1832）, pp. 152 – 155.

55. Alun David, Sir William Jones, "Biblical Orientalism and Indian Scholarship." *Modern Asian Studies*, 30. Cambridge: Cambridge University Press, 1996, pp. 173 – 184.

56. Bridgman, James Granger （translator）, *The Notitiae Linguae Sinicae of Prémare*. Translated from Latin into English. Canton: Office of the Chinese Repository, 1847.

57. Chalmers, John, "Chinese Natural theology." *China Review*, Vol. 5. No. 5, 1877, pp. 271 – 281.

58. Damrosch, David, *What is World Literature?* Princeton, NJ: Princeton University Press, 2003.

59. French, Paul, *Through the Looking Glass: China's Foreign Journalists from Opium Wars to Mao*, Hong Kong: Hong Kong University Press, 2009.

60. Hanan, Patrick. "The Bible as Chinese Literature: Medhurst, Wang Tao, and the Delegates' Version." *Harvard Journal of Asiatic Studies*. Vol. 63, No. 1: 197 – 239.

61. Julien, Stanislas, *Simple Exposé d'un Fait Honorable Odieusement Dénaturé dans un Libelle Recent de M. Pauthier*, Paris, Chez Benjamin Duprat, 1842.

62. Prémare, A. P., *Notitia Linguae Sinicae*, Malaccae: Cura et Sumtibus, Collegii Anglo – Sinici, 1831.

63. Sugirtharajah, R. S., "Orientalism, Ethnonationalism and Transnationalism: Shifting Identities and Biblical Interpretation," in Mark G. Brett ed., *Ethnicity and the Bible*, Leiden: Brill, 1996.

64. Williams, Frederick W. *The Life and Letters of SamuelWellsWilliams*, New York, G. P. Putnam's Son's, 1888.

65. *The Holy Bible*, *King James Version*, New York, N. Y.: Barnes & Noble, Inc., 2012.

66. ［日］宫泽真一、顾钧主编:《美国耶鲁大学图书馆藏卫三畏未刊往来书信集》, 广西师范大学出版社 2012 年版（英文书信）。

后记和致谢

　　三年多后的此时想来，若没有郑珉教授当时的鼓动和后来的鼓励，我或许不可能完成此书。

　　2012 年 12 月初，大雪过后。我和郑珉教授在美国哈佛燕京学社的梵瑟学舍（Vanserg Hall）中，向窗外望去，只见哈佛神学院的建筑和草坪，都被皑皑白雪所覆盖，不禁相对感叹，今年的雪远比去年的要大，天气也冷得多。我与郑教授共享一个办公室，几乎每日都点卯报到，日课不辍。我们常被其他同事打趣：你们俩人，一是老僧，一是小沙弥。犹记有一次，郑教授淡然地说：室内暖气较足，窗外白雪耀眼，关上门，便可不理世事，专心读写。我跟着开玩笑地说：你知道这里为何学术这么好吗？其中的一个原因是冬天太过寒冷又太过漫长了，只好匿居在屋中读写。我时时听他感叹："燕京真是个好地方。"确实如此！回国至今，我常常怀念燕京，感念在那里遇到的诸多师友。

　　当时，郑教授从韩国汉阳大学来，大概五十岁的样子。身兼多职、才备九能的他，本身的教务和研究就非常之繁忙。他非常珍惜在哈燕社的日子，也料到以后可能不会再有机会来此待上一年了吧。故而，更加珍惜，倍加努力。他每日在办公室和图书馆里工作十小时。他一向极为勤奋。29 岁拿到博士学位。这在需要服两年兵役的韩国男性中，唯有天分卓绝、勤奋有加方能做到。此后，他差不多每隔一两年出一部书，在其圈内久享盛誉。他的有些作品，也曾是韩国图书销售榜上的畅销书。他能非常好地平衡学术和畅销这两种品性，确是很了不起。

　　彼时的我也是 29 岁，常被他拿来作对比。在他的眼中，我大概就像几十年前，在中国台湾、日本或韩国的某个图书馆中，日夜勤勉地写作博论的他吧。可能正因为此，他对我也颇多鼓励。他像个"学术企业家"对未来员工训话一样，我听了却未曾反感。后来想起，才觉得这是非常奇怪的事。我生于汕头，长于深圳、广州。潮人崇商，每两三句话中便会提到钱（如何赚钱）；深圳则也常被人笑话什么都没有只剩下钱。故而，长辈对后辈的那种如何赚钱的训话，我从小听惯，会本能地反感。后来，我才醒悟，我之所以不反感他那看似功利的劝导，大概是因为他处于一个与世人世事无争的状态，对学术有着朝圣般的苦苦追求。

我有时会非常害怕，害怕不小心被时代的大潮卷去，此后随波逐流，又或者陷入种种无谓的争斗，岁月行尽如驰，与人与物相刃相靡，因而最终走不到更远的地方。而在燕京，在郑教授身边，他的存在无形中给予了我安定的力量。他有着《道德经》里所讲的那种顺乎性情、不争、无为和非功利性。他是今之古人，有古代东亚学者的遗风。他几十年无间断地用毛笔抄写，书画印刻皆佳。他用中文与我交谈时，我发现他用的词语和句式，有不少是文言，或者与我的母语（潮州话）的表达相似，由此不免在我脑中幻化出各种古代的情景。

临别之时，他戏称我是他的中文老师，其实我从他那边学到更多。在与郑教授告别的前一日，他送了我一把韩国传统的"合竹扇"。打开一看，扇面上是郑老师仿颜真卿行草书《争座位帖》。"满而不溢，所以长守富也；高而不危，所以长守贵也。可不做惧乎！《书》曰，'尔唯弗矜'。天下莫与汝争功；尔唯不伐，天下莫与汝争能。以齐桓公之盛业，片言勤王，则九合诸侯，一匡天下；葵丘之会，微有振矜，而叛者九国。故曰：行百里者半九十里，言晚节末路之难也。从古至今……未有行此而不理，废此而不乱者也。"这一段赠言，颇有深意，对正当青壮之年斗志正旺的我来说，无疑是去火良药。其中各句，化用《道德经》章句的地方不少。"满而不溢"以下两句，源自《道德经·运夷章第九》，"持而盈之，不如其已。揣而锐之，不可长保。金玉满堂，莫之能守。富贵而骄，自遗其咎"。以及《后己章第六十六》，"江海所以能为百谷王者，以其善下之，故能为百谷王。……以其不争，故天下莫能与之争"。原文是讲治国之术，移之以修身治学也无不妥。这把扇子，在我行箧之中，随我辗转各地。我还将扇面拍成照片，放在手机里，放在微信朋友圈的顶端页面，以示先生的金玉良言，不敢或忘。

有日，我在学舍中读书。可能是到了傍晚，窗外雪歇了，只有昏黄的灯光打在惨白的雪上，万物静寂。郑教授摆开了从韩国带来的非常精致的笔墨纸砚，开始写字。他说他从十岁左右开始写，已写了四十余年。当我欣喜地告诉他我在燕京图书馆发现一部《陈其年填词图题咏》时，他立即劝我整理成书，并笺释出版，而我被他劝服时，当即向他请求题写书名。他也答应了下来。这个笺释的计划，至今仍未完成。彼时，他停了笔，还问我此时正在读什么。我说我在认日记手稿，是裨治文在广州的日记手稿。他翻阅过后，便说："这么珍贵的手稿，你应该抄写出来，并整理成书。"我素来喜欢写作，然而未愿花工夫做文献整理。近年来，虽然行行走走，转徙各地之间，无意中也积累了一大批稀见材料，但是没有那种整理资料出版的想法。我也知道有些手稿、稀见书籍的重要性，也非常赞同先生的建议。当时，我正在哈燕社写作博论，每日如临深渊，又苦于时间精力不够，除完成学业之外不敢作其他奢想。郑教授听后便说："你不妨先将资料找到，做好若干计划，慢慢地做。人生虽是苦短，但是学术仍是要慢慢地做。要用志不纷，心无他念。"这倒真是一种修行了。于是，在那之后，我便订下一些写作的计划，借助哈佛大学图书馆的便利，仔细地做起各类书目，并调借各种书籍和档案。在郑教授的建议之下，我去了一趟纽黑文，至耶鲁大学再查对裨治文日记的原稿（我当时在读的并非全本，而且字迹也不清晰）以及卫三畏的档案。

这便是找到这部英译《道德经》手稿的楔子。这其中，有许多巧合的因素。当我在抄写和研究手稿时，时时想到儒雅静坐的郑教授、挽袖书写的郑教授、闭眼冥想如老僧老道的郑教授。在某种程度上，他（或他的形象）在无形中导引着我。郑教授是一位智者，有一种淡泊笃守的精神气质。因而，我也不避赘文，作一说解。

大概是 2012 年 12 月的某个周末，天已放晴，雪也融化，我去了纽黑文，去耶鲁大学图书馆和耶鲁大学神学院图书馆中，将一些手稿抄录和拍下。在抄录和拍摄《裨治文手稿》的过程中，我发现了另一部作品，也就是呈现在读者诸君面前的这一部英译的《道德经》。原手稿颇为潦草。某些章节顺序时有颠倒，某些地方也抄错，或重复或多赘出一些单词。当时我做了一些笔记，因为时间紧张，笔记做得潦草，相片中也有拍得不佳的，回来后竟然发现一些错漏，甚至有四页手稿没有拍下。幸运的是，此稿的抄写、笺释和重译，以及写作前面的研究专访的过程中，都巧合地得到了一些师友的相助和鼓励。这使我更加相信，我所做的事情，并非自娱自乐，或者毫无意义。

感谢耶鲁大学图书馆，尤其是手稿和档案处及其馆员 Michael Frost 先生、耶鲁大学神学院图书馆中文处主任 Martha Smalley 女士和馆员 Kevin Crawford 先生。非常感谢哈佛大学图书馆系统、哈佛神学院图书馆、哈佛燕京学社和梵瑟学舍。感谢韩国汉阳大学郑岷教授的鼓励。感谢北卡州立大学图书馆和北卡 Raleigh 附近的图书馆，此稿的抄写、校注主要是在这两处完成。感谢复旦大学文史研究院，本书的前言部分在院里的办公室光华楼 2904 室里完成。当时，罕有他人来这个办公室，我也乐享在此的清静、孤独和思考。以及，在一个个长夜，望着楼下大上海的璀璨灯光以消弭我的无聊倦怠。我曾将本书导论的部分章节，改写成单篇论文，并于 2014 年 12 月参加了香港中文大学主办的第一届中国翻译史国际研讨会"中国翻译史进程中的译者"。感谢我们论文组的两位学友吴晓芳女士和傅翀先生。

非常感谢对本书某些部分提过疑问、修改意见，是你们细心而善意的评论，使我避免了许多的错误。特别感谢业师林岗教授为这个书稿提出宝贵的意见以及中山大学外语学院陈庆博士通读全稿并提出一些建议。还有，以其他方式帮助过我但我不便在此处致谢的人，是你们的协助和无形的督促，使我加倍地投入本项工作。

最后的定稿，是在 2016 年 1 月中山大学的中文堂，时值羊城几十年难遇的酷寒。尤让我想起 2012 年 12 月那几个冰雪稍融的冬日，心中不禁涌起一股温暖的感觉。所谓一饮一啄，皆是前定。一期一会，此后常自感念。

本书得到中山大学"争创一流计划"人文社会科学出版资助，谨此致谢！

书中倘有错谬之处，即便是原稿有误，责任也应当在于笔者。笔者自知学力有限，乞请读者诸君教正。任何批评意见或进一步的线索，敬请来信告知（Email：yaodadui@ gmail. com）。谨先致谢！

姚达兑

中山大学中文堂

2016 年 1 月 23 日